実行力

結果を出す「仕組み」の作りかた

橋下 徹
Hashimoto Toru

PHP新書

はじめに

僕がリーダーとしてこだわってきたことは「**実行力**」です。

僕は、三八歳で大阪府知事に就任しました。いきなり一万人の行政組織のトップに立ったわけです。副知事や部長をはじめとする幹部はみな五〇代以上です。

大阪府庁の部長と言えば、大阪ではなかなか直接会うこともできないような存在です。良いことかどうかはともかく、大阪府庁はエリート集団で、幹部はみな高いプライドを持っています。その上司として、外部から三八歳の弁護士がやってきた。「メディアでテキトーなことを言っている弁護士が来やがった。そんな人間に何ができるんだ」という気持ちを持たれていたのは間違いありません。

その後、四二歳で大阪市長に就任しました。大阪市役所も三万八〇〇〇人という超巨大組織で、職員の優秀さもプライドも大阪府庁に勝るとも劣りません。しかも僕は、「大阪市役所をぶっ壊す！　役人天国の大阪市役所！」と市長選挙で大阪市役所を散々罵倒し、対する市役所組織も総力をあげて僕を落選させるための選挙運動を展開してきました。僕が市長に当選し、市役所に入るときには、完全な敵対モードです。
そのような状況の中で、僕はリーダーとして、この組織を動かして物事を実行していかなければなりません。試行錯誤も多くありましたが、結果的には大阪府庁・大阪市役所の改革や府政・市政の大改革をはじめ、大阪都構想の住民投票の実現など、これまで「不可能だ」と言われてきた多くのことを実行できたと自負しています。

本書では、僕が大阪府知事、その後に大阪市長として八年間、**どのように人や予算や物事を動かし、実行してきたか。その裏側と、僕がそのときに心がけていたこと、学んだこと**などをつぶさに述べました。

僕はいきなり巨大組織のトップになってしまったため、中間管理職の経験をしたことがありません。ただ、一万人や三万八〇〇〇人の組織のリーダーにも、係長・課長など四〜五人の組織のリーダーにも、共通する点は多くあるのではないかと思います。僕は自分の経験を伝えることしかできませんが、読者のみなさんには、僕の立場と自分の立場は相似形だという視点を持って、それぞれ自分の組織に落とし込んで考えていただければと思います。

今は、「誰もが評論家になれる時代」です。インターネットで仕入れた知識をSNSや飲み会で披露し、「こうだから、会社はダメなんだ」「だから、日本は遅れている」などと言うのは、簡単なことです。

あるべき姿を説くことも、もちろん必要。しかし、今求められているのは、そうしたあるべき姿に近づくために、手を動かし、足を動かし、脳みそに汗をかいて「実行していくこと」ではないでしょうか。

本書が少しでもその助けになれば、望外の喜びです。

橋下　徹

第1章 まずは、人を動かす

実行のための人間関係、人事の要諦

第2章 本当に実行すべき課題はどう見つけるか

第3章　実行し、信頼される人の条件とは

部下は結局、上司の背中を見て動いている

第4章　実行のための「ビジョン作り」と「チーム作り」

結果を出す「仕組み」はこう作る

第5章　上司を動かし、提案を通す

「トップの視界」を想像しながら仕事をする

第6章 情報を制する者は、組織を制す

第7章 日本と大阪を「実行できる組織」にするために

構成…加藤貴之

第1章

まずは、人を動かす

実行のための人間関係、人事の要諦

部下との人間関係なんか気にするな

部下との人間関係づくりが大事だとよく言われます。とりわけ、マネジメントをする立場になって、部下との人間関係に頭を悩ませる人は多いようです。

僕は、三八歳で、外部からいきなり大阪府庁という巨大組織のトップになりました。そんな中で人間関係を築いていくのは、簡単なことではありませんでした。

中央官庁でも国会議員が大臣として数千人の組織のトップに就きますが、容易には人間関係は築けないと思います。むしろ、きちんと人間関係を築けるケースのほうが例外ではないかと僕は見ています。

人間関係を気にしすぎると、部下に「いい上司」と思われたいという気持ちが強くなってしまいます。

部下と飲みに行って話を聞いたり、相談に乗ったりすることが、一般的には関係づくりの王道とされています。それもいいのかもしれませんが、飲み会で部下との人間関係がうまくいったとしても、仕事で実績を上げなければ、「あの上司は、いい人だね」で終わってしまいます。やはり職場の上下関係である以上、仕事を成し遂げる関係でなければなりません。

人間関係のことを気にしすぎるよりも、**初めから「部下との人間関係づくりは難しいもの」と思って接する**ほうが、気持ちがラクになると思います。

僕は、大阪府庁でも大阪市役所でも、職員たちと散々対立しました。「別に嫌われたっていい。死ぬわけじゃないし」というふうに、ある意味で開き直っていました。「知事を辞めたら、もう付き合わなくてもいいんだし」というくらいにドライに割り切って、いい人間関係を作ることよりも、仕事をやり遂げようと考えていました。後述しますが、リーダーの役割は「部下ができないこと」をやり遂げること。そうした姿を見せれば、多少は信頼してもらえるだろう。そうやってあまり重く考えなければ、人間関係に悩まなくてすみます。

大阪府知事（当時。現・大阪市長）の松井一郎さんと大阪市長（当時。現・大阪府知事）の吉村洋文さんのことを少し述べます。

大阪は、万博誘致に成功し、二〇二五年に万博を開催することになりました。万博誘致というのは、簡単に実現できることではありません。愛知万博は準備期間に八年八カ月かかっています。僕も在任中に大阪万博誘致には関わりましたが、松井さんは、二年ほどの準備期間で立候補まで持ち込んで、誘致を成功させました。

ありえないようなことを実現させた松井知事に対して、府庁の職員の信頼度は圧倒的に高まったと思います。職員は松井さんの言うことをさらに聞くようになるはずです。

トップが仕事をする上で一番大事なことは、「部下ができないこと」をやれるかどうかです。**部下との人間関係というのは、組織マネジメントにおいて決定的な要因ではないと思います。**

僕自身はややこしい人間なのか、そんなに友達がいません。中学時代から付き合っている友人が二人、高校時代のラグビー部の連中とはいまだに付き合いがありますが、大学時代の友人は一人。社会人になってからの友人もそれほどいません。「政治家をやっていたんだから膨大な人脈があるでしょ?」とも言われますが、それはまあ、今の僕のポジションというものがあってのことですから、人間関係をうまく築いた結果と言えるのかどうか……。

このように人間関係を築くことがうまくない僕でも、八年間リーダーが務まったのですから、それほど部下との関係を気にする必要はないと思います。

もちろん、人間関係をうまく築くことができるのであればそれに越したことはありません。そういえば僕が代表を務めていた維新の会のメンバー五〇人くらいで鶏鍋を食べに行ったことがありますが、五分後には僕は一人で鍋を突っついていました（笑）。松井さんの周りには二重三重の輪。僕とは全然違います。

ある意味では「人間関係こそが全て」である政治の世界において、僕が維新の会という政党の代表を務めることができたのは、松井さんが人間関係の部分を全部まとめてやってくれたことが大きいでしょう。

このように、自分は人間関係を築くことが得意ではないと感じている人は、リーダーになった場合に、それをうまく築いてくれる人をキーマンとして配置するやり方もあるでしょう。**全て自分でやらなくてもいい**のです。

信頼関係の根底には「仕事」を置く

では僕と松井さんとの関係はどうなのか？　もちろん、仕事の話やくだらない話をしたり、酒を飲んだり、泊まりがけの旅行もしたりと、膨大な時間を共に過ごしました。でもそのような人間関係は後付けです。

まずは「仕事をやり遂げる」こと。

お互い恥ずかしいので、面と向かって互いを評価することなどあまりしませんが、僕がどれだけ松井さんと飲み食いしたり、遊んだりしても今のような関係にはなっていなかったと思います。松井さんが年下の僕を信頼してくれているのは、僕の人間性ではなく（おそらく、こちらは信頼していないでしょう〈笑〉）、当時松井さんが所属していた大阪の自民党が歴代大阪府知事・府庁に提言し続けてきても彼ら彼女らが全くやらなかったこと、できなかったことを僕がやり遂げたからだと思います。

その**「仕事をやり遂げたこと」への信頼感が土台にあってこその、飲み食い、遊びの人間関係です**。どれだけ松井さんと飲み、食い、遊んでも、僕が「仕事をやり遂げない」人間であれば、今のような関係にはなっていないでしょう。

逆に、松井さんも僕ができないことをやり遂げてくれていました。松井さんと菅義偉《よしひで》官房長官の間にも強固な信頼関係があることは有名な話ですが、それは相互に「仕事をやり遂げる」関係があるからです。そこに飲み食いなどの人間関係が付着して、さらなる信頼関係が積み上がっています。

吉村洋文さんは、二〇一〇年に大阪維新の会に参加し、二〇一一年四月の統一地方選挙において大阪市議会議員に当選しました。それから、僕が政治家を引退する二〇一五年十二月まで、吉村さんとは個人的に飲食などをする関係ではありませんでした。ただし、当初から吉村さんは市議会議員としての事務処理能力には定評があり、僕は大阪都構想を実現するための戦略チームのリーダーに吉村さんを抜擢しました。吉村さんにチームの人選を委《ゆだ》ね、まさに若手による吉村チームが誕生したのです。

このチームは僕を下支えしてくれました。政治家である議員たちは面倒くさい仕事を嫌がりますが、このチームは面倒くさい仕事こそを手を抜くことなくやり遂げてくれました。リサーチ、役人との議論、資料収集、資料作成、広報物作成などなど本当によくやってくれました。しかし、吉村さんを含むこのチームと飲み食いをしたことはありません。相互に仕事をやり遂げる信頼関係があり、それで十分だったと思っています。

このチームは選挙のとき、特に大阪都構想の住民投票のときには連日連夜、事務作業にかかっていました。ある日、住民投票が迫った夜遅く、吉村さんが大阪の法律事務所が集まっている西天満の歩道を、スリッパを履いたままフラフラと歩いているところを僕の法律事務所のスタッフが目撃しました。意識もうろうとした様子だったそうです。その話を聞いて、僕は、後任は吉村さんだと決めました（笑）。

二〇一五年十二月、僕は政治家を引退しましたが、後任の大阪市長候補には吉村さんを指名。吉村さんは見事、大阪市長に当選しました。僕が政治家を引退してから、吉村さんとは松井さんとともに飲み食いしたり、旅行に行ったりする関係になりましたが、やはり根底は「仕事をやり遂げた」信頼関係です。吉村チームの若手も、今は中堅どころになっています。政治の世界は妬みやっかみが多い世界ですから、この中堅になった元吉村チームのメンバーに対して好き嫌いの評価はあるでしょう。しかし「仕事をやり遂げた」中堅たちが組織の中で一定のリーダー的なポジションに就いた場合には、大阪維新の会のメンバーはしっかりとついていくでしょう。

繰り返しますが、組織のリーダーに必要なものは、友人関係のような人間関係ではなく、「仕事をやり遂げた」ことへの信頼関係です。

確かに政治家の中には、宴会に出まくって「宴会王」と呼ばれているような人もいます。ただ、このように宴会に出て飲み食いの時間を過ごすことが、リーダーに必要な人間関係づくりになるのか大いに疑問です。どんな形でもいいので何か「仕事をやり遂げた」というものがないと、組織マネジメント上有効な関係にはならないでしょう。だから宴会王政治家には、いざというときには仲間からの支持が集まらず、いわゆるグループ・派閥のリーダーにはなれません。なんとなくの仲間・友人が多い、で終わってしまうのです。

どれだけ怒っても人は動かない

僕は、世の中の人から喧嘩《けんか》ばかりしているように思われていますが、自分から喧嘩を仕掛けたことは一度もありません。ただし、仕掛けられたら、一〇〇倍返しします（笑）。

大阪府知事、大阪市長のときにも、部下に対して、こちらから先に喧嘩腰になったことはありません。僕のほうが部下よりも絶対的な権力を持っているのだから、僕のほうからわざわざ喧嘩腰になる必要もないだろう、と思っていたからです。いざというときには権力、すなわち人事権を行使して、飛ばしてしまえばいいだけなんですから。

僕は部下を呼ぶときには「さん」づけをし、丁寧語で接していました。年上の人にはもちろん、年下の人に対してもすべて「さん」づけです。

僕が組織の中で一番の権力を持っているわけですから、そんなところで偉そうに振る舞わなくてもいいわけです。鄧小平《とうしょうへい》の韜光養晦《とうこうようかい》ではないですが、力は隠して蓄えておけばいいのです。

僕の場合、最後の最後は人事権を行使する人間であるということは、みんな分かっていたと思います。その点は恐れられていたかもしれません。とはいえ、もちろん「この人とは合わないから、はい、異動してください」ということはやっていません。

反対意見の人とも、とことん議論をしましたし、人事権を行使する場合でも、本人の言い分を聞いてから考えました。

「僕と違う意見でも、意見はどんどん言ってください。議論しましょう。ただし、最終的に僕がトップとして決めたことには従ってください」という形で対応していました。

組織内の立場によっても違うでしょうが、最終的には上司は何らかの人事権を行使することができます。自分が直接に行使する場合に限らず、人事室や自分のさらなる上司への働きかけなどによって間接的に行使する場合も含みます。**「最後は人事権がある」と思って、部下をむやみに怒ったりせず、静かに対応したほうがいい**と思います。そうすれば、パワハラと言われることもないはずです。

部下とは穏やかに接し、どうしても部下が従ってくれないときには、静かに人事権を行使して、違う人に交代してもらう。そのくらいにゆったりと構えておけば、あまり部下対応に悩まなくてすみます。

「人材登用には失敗はつきもの」と考えよ

「人を見極めて適材適所に人事配置をしなければいけない」と言われますが、そんなことを完璧にできる人がいるでしょうか。

こんなことを言うと、身も蓋もないですが、完璧な人材登用、完璧な人事評価など、できるはずがありません。

僕の「失敗例」をお伝えしましょう。

大阪市長時代、二〇一二年度から大阪市役所の幹部である局長や区長、そして公立小中学校の校長の人事に公募制度を導入しました。校長の公募には外部から一〇〇〇人弱が応募して、一一人が校長になりました。

一般の人には理解しづらい部分かと思いますが、教育行政は、知事の権限がほとんど及ばない分野です。地方教育行政法というものがあって、政治が教育に介入できないようにブロックされています。

知事ができることは、基本的には教育委員の任命まで。そこから先のことには一切介入できない建前になっています。厳密に言えば、予算は知事が握っているため、教育予算に絡むことには知事の姿勢次第で口を挟めますが、世間からは批判を受けます。

このように基本的には政治が介入できない仕組みですから、教育委員会組織の職員は知事のほうは見向きもしません。文科省のほうばかり見ています。知事はしょせん四年で交代。文科省とは永続的に付き合っていかなければなりません。彼ら彼女らが、知事と文科省のどちらの意向を重視するかは明らかです。

したがって、知事には校長の人事権はなく、口を差し挟むことはできません。ですから、公募審査は教育委員会組織での審査・判断となります。

大阪市の教育委員会組織が一生懸命に公募審査をやったと思います。しかし、最初に公募で校長になった人のうち七人が、パワハラやセクハラなどを申し立てられて辞めていきました。

外部から入ってきた校長というのは、学校組織からすると大変嫌な存在ですし、教員から教頭に昇進し、最終ゴールのポストが校長であり、ここに外部の者が入ってくると教員からの内部昇進のポストが少なくなります。ですから、外部から来た校長は組織から狙われることを肝に銘じて、よりいっそう気をつけなければいけないのに、脇が甘かったのでしょう。外部出身校長のパワハラ・セクハラ問題はメディアなどでも大きく取り上げられ、その後は校長公募への応募が激減しました。

二〇一八年一二月三日付の毎日新聞の報道によると、二〇一八年度は外部から応募したのは四三人で過去最少だったそうです。現在外部出身の小中学校の校長は一三人にとどまり、残念ながら、僕が公募制を導入してからたいして増えていません。

さらに、大阪市二四区の区長の原則公募制も、外部人材にチャンスを与えることと内部人事の見える化の趣旨です。やりたい人に手を挙げてもらい、きちんと審査する。人事室の密室協議で決めることを避けようとしました。区長は六万人から二〇万人の住民が居住している区の顔ですから、通常、部局長クラスの者が就きます。ですから、さすがに係長以下クラスの人がいきなり区長を務めるのは難しいだろうと庁内議論で判断し、応募資格を課長以上に限定しましたが、課長クラスの人材ならいきなり区長になるチャンスが広がりました。

後述しますが、僕は「フェア」ということを橋下府政・市政の大方針にしており、外部の民間の人にもできる限り区長になる機会を提供するように公募制度を作りました。しかし、外部出身の区長もまた色々と問題を起こし、うまくいかなかったところもあります。外部出身の校長と同じくメディアで騒がれ、結局その後は外部からの応募数が激減しました。それを機に議会からは公募制度の廃止を散々指摘されましたが、僕は公募制度を継続しました。

このような公募制度の実態を振り返ってみて、つくづく人事は難しいと感じています。適材適所で人材を見抜けと言われますが、そう簡単なことではありません。自分が一生懸命に選んだつもりでも失敗する。現場に方針を示して選んでもらっても失敗する。

人材登用や人事管理で一番重要なことは、「失敗は必ずあるもの」と考えておくことだと思います。「登用して失敗したら、次の人に交代してもらえばいい」と考えておかないと、人材を選べなくなります。

もちろん、より良い人材を登用するためには一生懸命に選ばなければいけませんが、最後の最後の段階では、「間違えることもある」と割り切ってしまえば、プレッシャーに押しつぶされないですみます。

「ダメなら交代してもらえばいい」と思って、部下には穏やかに対応する

僕の大学の同級生の弁護士は、大阪府の民間人校長を三年ほどやりました。その実績もありましたので、大阪府の教育行政のトップである教育長に抜擢しました。

その時点では、僕は知事を辞めて大阪市長になっていましたが、松井知事と相談しながら松井知事が登用を決め、任命しました。

民間人に教育委員になってもらうことはあるのですが、民間人教育委員はどちらかというとお飾り的な存在です。教育長は教育委員とは異なり、教育委員会事務局という巨大組織の実質的な権限を握っています。そういうポストに民間人を外部から登用したのは初めてのことでした。

大阪教育委員会事務局は数百人の組織です。この組織が大阪府全体の教育行政を決定・実

行し、大阪府全体の七万人の教員を動かしていきます。そのトップが教育長です。

教育長になった同級生は、教育に対して情熱を持っており、能力面でも非常に優秀でした。もとは大手の弁護士事務所で働いていました。しかし、数百人の組織や、何千人、何万人の人間を動かした経験はありません。

大阪府教育委員会事務局の幹部はみな彼より年上です。彼はかなり悩みながらやっていたようですが、その頃、僕は大阪市長としての仕事で手一杯で相談に乗ってあげることはなかなかできませんでした。

彼は大阪府の教育長として改革を進めていったのですが、部下たちは反発しました。嫌なトップだったわけです。部下がなかなか言うことを聞かないため、彼は理詰めでガンガンとやったようで、パワハラ問題が噴出しました。これが大阪府議会で大問題となり、彼は最後には辞任に追い込まれました。

部下と対立したり、部下が言うことを聞かなかったりしたときに、力尽くでやっても動きません。彼は人事権という「力」を持っていたわけですから、怒鳴ったりするよりも、静かに人事権を行使して部下を交代させるほうが賢明でした。

時機は逸しましたが、僕は彼が辞任したあとに「無用にぶつかり合う必要はなかったと思う」と伝えました。

若い上司が年上の部下たちを動かして、組織運営する場合には、この点はとても大事だと思います。年上の人に威張ったり、怒鳴りつけたりすれば、彼らのプライドを傷つけます。それよりも、穏やかに接して、「最後は人事権を行使すればいい」と考えておいたほうがいいと思います。

反対派は、あえて積極的にそばに置くこと

僕は、大阪府知事に就任した直後、大阪府政の基本方針を定めて、それを実行していくチームを編成することにしました。

人事担当の総務部長に「こういうことを実現するための人材が欲しい」という方針を示して、実際の選考は総務部の責任でやってもらいました。僕の思い通りの人が来るとは限りませんし、力不足の人もいるかもしれません。

しかし、百発百中で適材適所の人事ができるわけはありませんから、総務部にやってもらってダメだったら、交代してもらうしかないとある意味開き直っていました。

僕が知事に就任した当時の、大阪府にとって最大の難問は、減債基金問題でした。簡単に説明しますと、のちの借金返済のために積み立てていたお金を、目先の予算のために毎年使っていた、ということです。

あとの章で詳述しますが、減債基金約五二〇〇億円に穴が開き、毎年約一一〇〇億円ずつ収支改善をしなければならない状況でした。役人たちは「こんな大規模な収支改善の大改革は、絶対にできるはずがない」と言っていました。

僕が知事に就任したのは二月初旬。既に前任知事が来年度予算を組んでおり、府庁も議会も僕はそれを踏襲するものだと思っていました。しかしそれでは収支改善はまったくできません。僕は、一度組まれていた大阪府の予算をひっくり返して見直す方針を出しました。予算を止めたのです。それはそれは大阪府庁内や大阪中で大騒ぎになりました。そしてその年間約一一〇〇億円という途方もない収支改善を実行するために改革プロジェクト・チームを編成し、そのリーダーになってもらったのが小西禎一《ただかず》さんです。

当時の人事担当総務部長の中西正人さんに、改革の方針を話したところ、「その方針を実現するにはこの人物がいい」と推してくれたのが小西さんでした。そして改革プロジェクト・チームのメンバーも中堅・若手の仕事がよくできる職員を選んでくれました。

小西さんは僕の考え方には反対のところも多かったと思いますが、「最終的に決まった府の方針には従う」という考えでやってくれました。小西さんは実力もさることながら、府庁の中では「仕事をやり遂げる」信頼感があり、改革プロジェクト・チームのメンバーも小西さんの指示を忠実に実行します。僕が収支改善の大改革の号令をかけてから僅か四カ月後には、府庁内外から猛烈な批判を浴びながら大改革の案をまとめ上げ、その後議会との調整を済ませて、ものの見事に年間約一一〇〇億円の収支改善の改革案について議会の議決を得て、それを断行しました。この大改革が土台となって、今の大阪府政の上向き基調があります。小西さんは大阪府の大改革の立役者です。

その小西さんは、その後総務部長となり、さらにみなさんご存知のとおり、先の大阪W選挙で知事に立候補し、維新の会を倒して僕や松井さんによる大阪府政の方向性を変えようとしたわけです。政治って面白い！

さて、小西さんは総務部長という最高幹部として、僕に反対意見をよく言ってきました。それによっていろいろな修正ができました。今考えると、落ち着くところに落ち着いたという事例がたくさんあります。

反対派に「徹底抗戦」させた結果は

その中でも一番対立したのは、維新の会提案の職員基本条例です。

一般的には、「公務員はクビにできない」と思われていますが、そんなことはなく、公務員といえども、評価が著しく低い人はクビにすることができます。

しかし、実際には、クビになる人はほとんどいません。大阪府庁の人事評価では、五段階評価で上から三段階目までに九九・八％の人を入れて、残りの〇・二％の人しか落第点になりませんでした。そして落第点となってもクビになることもなければ、減給になることもありません。

僕は、公務員の人事評価にいわゆる相対評価を導入して、一定の割合で必ず落第点を付けることを義務付け、そして最低評価を二年連続とったらクビという案を作りました。こんな案を府庁職員自身が作るわけがありませんから、外部の識者の力を借りながら、大阪維新の会という政治集団で案をまとめました。

総務部長の小西さんは猛反対。府庁組織の代弁者として「こんなことをしたら、組織は回らない」と主張しました。小西さん以下、職員たちもみな猛反対です。**そこで僕が力尽くで**

「知事である俺がやれと言ったら、やれ」などと怒鳴っても、反対する組織を動かすことなどできません。

大阪府議会の野党も府庁とタッグを組んで僕の案に猛反対でした。野党は議会で、総務部長の小西さんに「こんな案で大丈夫なのか」といった質問をしました。僕は小西さんに「知事である僕と違う考えを言ってもいい」と言いました。国政で言うと、府庁の総務部長は大臣です。知事の方針と異なることを総務部長が議会で答弁することなど本来ありえません。そんなことをしたら国会なら「閣内不一致だ！」と野党から追及されるような話で、それは地方議会でも同じことです。

しかし、政治家である僕の立場と小西さんの役人の立場は違うわけですから、役人も自分たちの意見をしっかり言えるようにしました。

小西さんに「役所には役所なりの考えがあるでしょうから、それを言っていいですよ」と言うと、小西さん率いる総務部が総力挙げて維新の会の職員基本条例案の問題点を指摘する資料を作り、議会で徹底的に主張しました。府庁と野党がタッグを組んで、知事である僕が率いる大阪維新の会の案を叩きつぶしにきたのです。

維新の会も負けてはいません。維新の会と府庁がガチンコで大激論です。僕は両方のトップなので、その議論の様子を観ていました。議場以外でも「大阪府庁総務部」vs「維新の会」の公開討論会をやりましたが、僕は隅っこのほうでそれを観ていました。

組織が猛反対する案については、組織に言いたいことを思う存分言わせる。このマネジメントが重要です。

そしてちょうどその頃、松井さんが立候補する知事選と僕が立候補する市長選のW選挙がありましたから、職員基本条例案を選挙の公約にして、争点化しました。メディアは職員基本条例案に批判的でしたから、小西さんたち反対陣営は、メディアに対しても問題点をどんどんレクチャーしていました。僕はそのような府庁総務部の行動を止めることはしませんでした。選挙で住民の支持を得ればいいだけなのですから。

結果的に、僕と松井さんが選挙で勝ちましたので、小西さんや府庁職員たちは決まったことには従ってくれました。職員基本条例案は、ここまで府庁が反対する案なのですから、小西さんを人事で替えたとしても、職員基本条例案を忠実に実行してくれる人材を見つけるのは大変です。それぐらい府庁にとっては断固反対な案だったわけで、ここは最後は民意を使うしかないと判断したのです。

もちろん、民間企業では選挙という手段は使えません。ただ、僕が言いたいのは、組織内で猛反発を受ける案については、反対派に徹底的に意見を述べさせる機会を与えるマネジメントをすべきということです。そういう意味で、組織を代弁する反対派をそばに置いておく必要があります。**「この人が反対していたにもかかわらず、決まってしまったならば仕方がない」と、組織のメンバーがある意味「諦めてしまう」反対派を**、です。そして最後は、決まったことには従ってもらう。ここまでやっても従ってくれなかったら、いよいよ人事で交代です。小西さんたちは、役人として、見事その反対派の働きをしてくれました。

反対意見を取り入れて修正すると「より良い案」になる

部下である小西さんたちが、僕の職員基本条例案に反対してくれたことは、非常にいい面がありました。職員基本条例案は、総務部の意見を取り入れて良い方向に修正することができたのです。

僕と維新の会の案では、二年連続で最下位の評価をとった職員は即解雇（分限処分）ということにしていましたが、さすがにそれはやり過ぎだということで、途中に研修を入れて、一年間研修を受けてもらい、何回か審査をして、それでも改善の見込みがなければ解雇するという案に落ち着きました。この修正は本当に良かったと思います。

研修制度を入れることによって、その後に頑張って上の区分の評価をとれるようになった職員もいました。

大阪市でも、この制度を導入しました。研修を受けてもなお、長期的に改善が見られない職員が二桁《けた》程度の人数で存在し、彼ら彼女らは、条例通り解雇となっています。もし、僕の当初案通りに研修抜きで解雇する制度にしていたら、かなり組織内で揉《も》めていたと思います。反対派のおかげで修正がかかり、より良い条例案に落ち着き、今でも組織はそれに従って組織運営をしてくれています。

このように職員基本条例は、僕と維新の会が最初に出した案のままで確定させたわけではなく、様々な立場の人から反対意見を言ってもらい、議論で揉みながら修正をしていきました。もちろん核となる部分は、選挙で決着した以上譲れません。しかし核以外のところで、現実的な修正をかけたことによって、みんなが納得し、実際に機能するルールになりました。

もし、僕の周りをイエスマンで固めて、僕の言う通りの案を通そうとしたら、たとえその案が成立したとしても、その後不満を持った人の妨害にあい、うまくいかなかったと思います。**周囲に反対意見を言ってくれる人間を置いたことで、落ち着くところに落ち着いた**のです。ただし重要なポイントは、もし最終決定後も反対する人物がいれば、静かに異動させるということです。そういう反対者までそばに置いていたら組織は回らず、リーダーシップなど発揮できません。

「最後は従う」を守ってもらうと、多様な意見を取り入れられる

現代のビジネスパーソンは、答えが出せないような難しい案件ばかり抱えています。絶対的な正解を見つけることなどできません。

「絶対的な正解を見つけることはできない」ということを前提に置くと、自分とは違う立場の人の意見を聞くことが非常に重要になってきます。様々な意見を聞きながら修正していき、できるだけ正解に近づけるようにしていくしかありません。

そういう意味で、「周囲にイエスマンばかり置くな」というのは、一理あります。しかし「最終的に決まったことには従う」という点を押さえていないと、意見が平行線をたどって、いつまで経っても結論が出なくなります。

「決まったことには従う」ということをメンバーに約束してもらうと、むしろ自分の周りに反対意見を言ってくれる人を置きたくなります。どれだけ強い反対意見を言われても、怖くありませんし、しっかりと耳を傾けることができます。心の余裕ができて、かえって柔軟に自分の案を修正することができます。

最終的に従ってくれるかどうか分からないと、不安になって反対派を押さえつけようとしたり、反対派の話をまったく聞かなくなったりしてしまいます。**「決まったことには従う」という原則を組織に守ってもらうことが、反対意見を聞くための大きなポイント**だと僕は、思っています。

大阪府知事・大阪市長時代、メディアは僕のことを「強権的だ」「独裁的だ」と散々批判しましたが、実際には、府庁や市役所の内部では多様な意見が出て、反対意見が噴出し、大激論が起こっていました。

それまでの府庁や市役所は、反対意見や多様な意見を言いにくい雰囲気があったとも聞きました。

もちろん反対意見を聞きながら十分議論をした上で、最後は決めます。そのときには反対意見を押し切ることになるでしょう。その際に、反対者の不満がゼロかと言えば、それは嘘になります。不満は確実にあると思います。

それでも**反対意見を聞いたうえでの決定は、反対者の不満を和らげ、適度な修正がかかってその後の運営がうまくいくことが多い**。

ただし、決定権と責任の所在をはっきりさせて、誰が決めるのかを明確にしておく必要があります。朝日新聞・毎日新聞的なインテリたちが言うように、全員の合意が得られるまで、全会一致になるまで議論を続けるというようなことをしていては、スピードが重視される現代ビジネスの世界ではとてもやっていけません。ゆえに必ず決めなければならない場においては、一見民主主義的な「全会一致」を前提にすると、かえって反対意見が出にくくなるのです。メンバーは、自分の意見によって決定が遅れてしまうことを嫌がるようになります。

逆に、一見強権的にも見える決定権と責任を明確化するほうが、反対意見は出やすくなり、多様な意見を取り込めます。実際に、僕は議論の末に、原案をかなり修正しています。多様な意見を原案に取り込んで、修正案として決定していったのです。

旧民主党の組織マネジメントが失敗した理由

「決まったことには従う」という要《かなめ》の部分がなければ、周りに反対意見の人を置くと組織としてまとまらなくなる――。そうした「失敗」の代表例と言えるのが、旧民主党・民進党です。

民主党・民進党の国会議員たちは、本当にまとまりがありませんでした。意見が違う人が集まることはいいけれども、「最後は従う」という原則がないために、いつもまとまらずバラバラになってしまう。組織マネジメントがうまくいかず、結局、解党しました。

「最後は従う」という原則がないと、同意見の人ばかりを集めなければならなくなります。

民主党・民進党は、解党後には、同意見の人が集まる政党に分かれていきました。しかし同意見の者だけでグループを組むと、少人数でしか集まれなくなり、多様性のない少数同質集団になります。だから大人数による多様性が求められる政党は、本来「政策理念の一致」にこだわりすぎてはいけないのです。この点、メディアやインテリたちが「政策理念の一致」ばかりを検証し、そこに少しでも不一致があると、やたらめっぽう批判するので政治家がビビってしまっています。実を言うと、僕にもそうした批判に神経をとがらせてしまっていた時期がありました。しかし、今後、野党が大きな集団となるためには、政策理念の一致にこだわりすぎず、内部に異なる意見があったとしても最後は決定できる組織であることを強調すべきです。

対して、自民党は「最後はまとまろう」「決まったことには従う」という大前提があるため、決まるまでは各メンバーが好き勝手なことを言っています。

憲法九条の改正に関しても、賛成派と反対派が同居しています。原発の問題でも、原発推進論者から原発反対論者まで多様な考えの人たちがいます。昔の自民党は、それこそ殴り合い寸前のところまでの喧嘩をよくしていたらしいです。でも、激論を交わしたあとには「最後はまとまろうね」ということが大前提になっています。このように言いたいことを言い合えるのは、ガス抜きにもなっているわけです。

僕から見ると、自民党はガス抜きの天才です。四〇〇人を超える我の強い国会議員がいれば、なかなか意見が一致するはずがありませんし、何かを決めるにしても不平不満は山ほど出てきます。そういう集団をまとめるために、党内の部会などで好き勝手に意見を言わせて、ガス抜きをしています。

自民党は、内閣が法律を出す前に与党自民党の総務会に上げて議論をするという、法案事前審査制を導入しています。学者やコメンテーターの人たちは、この事前審査制があるがゆえに国会での議論が低調になると批判しています。というのは、国会での議論前に与党自民党は法案に賛成してしまっているので、圧倒的多数の与党自民党の議員たちは国会で議論することがなくなってしまうのです。しかし、事前審査制は党内の反対意見を抑えながら組織をまとめるために必要不可欠なプロセスです。

このように反論や不満を徹底的に言わせるのですが、最後は意見をまとめて内閣の提案が通ります。提案が修正されることはあるにしても、ひっくり返されることはまずないわけです。まさに自民党は議院内閣制に合致した、実にうまいシステムを作り上げています。

「よりによってあの人を腹心の部下に?」大阪市長時代の驚愕人事

僕は、大阪市長選に立候補したときに、大阪都構想を叫びながら選挙戦を戦いました。都構想というのは、大阪府庁と大阪市役所を解体して、これからの大阪にふさわしい新しい役所組織を作ることです。大阪市役所を解体すると言っているわけですから、大阪市役所の職員は組織をあげて防衛しようとし、僕を落選させようとしました。

職員たちは難しい公務員試験に受かって、プライドを持って大阪市役所の職員として働いています。ゆえに大阪市役所解体には、当然、反対です。

もちろん個々の職員が反対意見を持つことは、まったく問題ありません。しかし、都構想反対派の中には、僕の目から見て公務員としてやりすぎと思える職員もいました。有権者から選挙で支持を受けた知事や政治家として都構想を語ることについて、「橋下知事はわけの分からないことを言っている」と揶揄《やゆ》する大阪市職員もいました。これが霞が関の中央官庁の官僚が、国会議員に対して言ったとなれば国会では大問題になっていたでしょう。

役人として矩《のり》をこえているのではないかと僕は頭にカチンときて、選挙戦では「僕が市長になったらこのような市の職員は一族郎党処分する！」というようなことも言いました。

大阪市役所を含め僕の相手陣営は、選挙戦で絶対に勝てると思っていたと思います。なにせ自民党から共産党まで全党が反橋下、反維新陣営についていたのですから。

大阪市役所は「中之島一家」とも言われていました。職員組合、天下り団体、補助金でつながっている業界団体・自治会などを全部合わせれば二〇万人から三〇万人くらいの票になると言われています。それまでは三五万票取れば市長選挙は勝てましたので、相手陣営は勝てると確信していたと思います。

ところが選挙結果は、僕らの陣営が勝ちました。

このように、僕は、市役所組織と激烈な対立関係になることを前提として大阪市役所に乗り込みました。職員からの反発は覚悟のうえです。

ここで重要な組織マネジメントは、トップである僕とこれだけ敵対している組織を束ねてもらう「組織内の役」を誰にするかです。僕は、自分の事前のリサーチから、都構想の強い反対派であり市役所組織を守る組織の代弁者でもあるとも聞いていた村上龍一総務局長を筆頭副市長に任命しようと考えました。

しかし、村上さんに、副市長という組織の要となる重要ポストに就きながら橋下市政や都構想に対して徹底抗戦されてしまうと、組織が完全に回らなくなってしまいます。だから村上さんに対して、まず「村上さんが都構想に反対であるということは分かっています。ですから本心から都構想に賛成してもらわなくても結構です。反対意見は色々あるでしょうから、どんどん言ってもらって構いません。ですが最後、決まったことには従ってくれますか？」と尋ねました。村上さんはまさか自分が副市長を打診されるとは思っていなかったようですが、そこは役人です。「反対意見は述べさせてもらいますが、決まったことには従います」と誓ってくれたので、筆頭副市長に任命しました。市役所内から、相当に驚かれる人事でしたし、何よりも村上さんとうまくいっていなかった維新の会市議会議員が一番びっくりしていました。「何でよりによって都構想に反対し、維新とうまくいっていない村上さんなの？」という感じでした。

しかし、村上さんは僕の方針に心底反対だった案件もたくさんあったと思いますが、決まったことはすべて確実に実行してくれました。

それ以前に、僕が大阪府知事時代に副知事に任命した綛山《かせやま》哲男さん。僕が知事に就任したときには、彼は教育長でした。僕が府知事として府庁に入ったときは、市長として市役所に乗り込んだときほど、職員と激烈な対立関係にはありませんでしたが、大阪府教育委員会の教育政策について、納得できないことが非常に多かったのです。全国学力調査テストの結果発表では、大阪府の子供たちの学力は四七都道府県中、四七位。全国体力調査テストでも、四七都道府県中、四七位という状況だったのですから。

先ほども述べたように、法律の建前上、知事は教育行政に介入できないことになっていましたが、僕は教育委員会に向けて改革すべきメッセージを強烈に発し、府知事としての仕事のエネルギーの大半を教育政策に注入していました。

このときにぶつかったのが、教育長の綛山さんでした。綛山さんは綛山さんなりに考えがあったのでしょう。僕の改革方針については、反対の声を上げることが多かったのです。しかし、そこは優秀な行政マンらしく、僕の改革方針と教育現場の声をうまく合わせたような案に練り上げてくれました。

綛山さんとは知事室で、どれだけの時間議論をしたでしょう。

そのときにきっちりと反対の意見を出してくれたということを評価して、僕は副知事に任命しました。綛山さんも「意見は今まで通り言わせてもらいます。ただし決まったことには従います」としっかり言ってくれました。その後、綛山さんは、僕の大阪府政改革を見事に支えてくれました。

どんな意見も徹底的に聞くことで、結果的に組織が回る

僕が掲げた市政改革は、市役所がこれまでやってきたことを否定したり、方向転換したりする大胆なものが多かったので、市役所職員にとって賛同できないものが多かったと思います。

そういうときには、これまで述べてきたように、職員の反対意見を徹底的に聞くことにしました。ある意味、自民党のガス抜きと同じです。とにかくどんな意見も門前払いをせずに、話を聞いて、徹底的に議論し、最後は決定しました。

そして組織がきっちり回ったのは、「決まったことには従う」ということを、幹部以下の職員たちがきちんと守ってくれたからです。

反対派の急先鋒であり組織の代弁者でもあった村上副市長が「わかりました」と了承してくれると、他の職員もそれ以上言わなくなり、収まりました。「村上さんが了承したなら仕方がない」という雰囲気が市役所組織にありましたので、それを最大限活用しました。

僕は、国のＴＰＰ（環太平洋パートナーシップ協定）の問題を見ていて、安倍総理は似たようなことをされたと思いました。農業団体を守るためにＴＰＰに猛烈に反対していた西川公《こう》也《や》議員を、ＴＰＰ推進の対策委員長に指名して、その後、農林水産大臣に任命。反対派の急先鋒で農政の実力者である西川さんがＴＰＰに賛意を示したので、他の反対者も矛《ほこ》を収めました。「西川さんが賛成するなら仕方がない」という雰囲気だったのでしょう。そのようなことがあってＴＰＰは成立したのです。

僕の大阪府庁・大阪市役所での経験は、組織との政治的な激烈な対立という特殊な事情がありましたから、どの民間組織においてもそのまま当てはまるわけではないでしょうが、**「反対意見は徹底的に聞く。しかし最後は決定に従ってもらう」**という基本的なところは、一般的な組織マネジメントにおいても参考になるのではないかと思います。

僕が部下を評価する際に心がけていたこと

実は、僕が当選後に市長として大阪市役所に乗り込んだとき、選挙の際に行きすぎた言動、すなわち役人の領域から政治の領域に踏み込みすぎたと思われる人物を、最初の人事で研修所預かりのような形にしました。まあ、彼らにも言いたいことは山ほどあったのでしょう。僕は「大阪市役所をぶっ壊す！」と言っていたわけで、彼らの市役所職員としてのプライドが許さなかったのだと思います。しかし政治的対立の場は、最終的には選挙で決着をつけ、負けたほうはすべてを失うという厳しい場です。そこに踏み込むならそれ相応の覚悟が必要ですし、それが嫌なら政治的対立の場に踏み込んではいけません。

半年ほど経って、市役所の人事を抜本的に行なうときに、市役所人事室はこのいわゆる「左遷された」メンバーたちをさらにどこかに飛ばさなければならないだろうと思っていたようです。人事室から出てきたのは、市役所から出して外郭団体などに異動させる、という案でした。しかし、僕のリサーチからすると「彼らには、仕事の実力はある」という結論に至りました。ある意味そこまでの実力と自信があるからこそ、僕と対立した前任市長に重宝され、市役所中枢メンバーとして僕や維新との政治的対立にも足を踏み込んできたのでしょう。

僕は「実力がそこまであるんだったら、僕の周りに来てもらって仕事をしてもらえないですか?」と村上副市長に伝え、メンバーたちに打診してもらいました。

市役所内ではみんな「まさか」という驚きがあったようですが、彼らを呼び戻して、僕の大改革を実行するために必要な幹部ポストに就けました。ここでも重要なことは、「決まったことには従うこと」という鉄則を受け容れてもらうことです。ここさえしっかり固めることができれば、何も心配はありません。

もちろん彼らは出世頭でエリートコースを歩んできたメンバーですし、僕よりも年上で彼らにもプライドがありますから、「橋下なんかにヘコヘコしないよ」という感じではありましたが(笑)、幹部として仕事は非常によくやってくれました。

その中の一人が、大阪城公園の管理運営の完全民営化案を作り、実行してくれました。これは大成功を収め、今は、大阪城公園だけではなく、天王寺公園の管理運営も民営化しました。民営化は大阪府の公園にも波及し、一九七〇年の大阪万博の『太陽の塔』がある万博記念公園も民間に管理を任せる方針になりました。

これまで公園管理には多額の税金を使っていましたが、公園を活用して民間に儲けてもらい、そのお金で公園を管理してもらいます。すなわち、税の投入をなくすのです。しかも役所に納付金まで納めさせるため、役所は増収になります。そして民間は儲けるために園内にレストランなどの施設を建てたり、園内の美観に力を入れたりして公園はどんどん活性化します。民間ならではのイベントも多数行なわれるようになり、さらに人が集まります。この手法は現在、全国に広がってきています。

また別のメンバーは、大阪市役所の中でも色々と不祥事の多かった部局のトップを務めてくれて、不祥事をなくす運営に力を割いてくれたり、隣接市とゴミ焼却場について組合法人を作るという画期的な行政プランに尽力してくれたりしました。その後大阪市立病院を市役所から切り離して独立行政法人にしたときには、その事務局部門に就いてもらい、その運営や改革をやり遂げてくれました。

もともと僕と彼らとの対立は、長い付き合いの中で蓄積されてきた根の深いものではなく、お互い仕事上の考えの違いによってぶつかったにすぎません。であれば仕事さえきっちりやってくれれば、何の問題もありませんし、それが市役所組織ひいては大阪のためにもなります。

まあ彼らのほうが、僕のことをどう思っていたのかは分かりません。コンチクショーと思っていることもあるでしょう。しかし、仕事の面では、ともに大きな仕事を成し遂げることができたと自負しています。

組織にいる人は、情実人事というものを一番嫌がります。情だけで人事を決めていたら、組織は動かなくなります。巨大組織になればなおさらです。**人間関係や好き嫌いでチーム内の人事を決めていくと、そうした姿勢は必ず部下や組織に伝わりますし、本当に実行力のある組織は作れない**でしょう。

前述したように、僕は自分と仲が悪いと思われている人材でも、中枢ポストに就けました。**「えっ、仲が悪いあの人をそんなポストに就けるの？」と思われるような人事をあえてした**のです。実力があれば登用する、という方針を組織に示すためでもあります。

僕としては、決定したことに従ってくれるのであれば、それでＯＫ。「腹の中で、『橋下のやり方に反対』と思っていようが、それは一切気にしませんから」ということをメッセージとして出したつもりです。

相性が悪かろうが、感情的に対立していようが、実力のある人は登用しましたので、職員には、「実力主義の人事」と思ってもらえたのではないかと思います。もちろん数万人の組織の全職員について一〇〇%完璧な人事ができたわけではありませんが、橋下におべんちゃらを言ったり、橋下と飲み食いの人間関係を作ったりしなくても、仕事さえしっかりやれば評価されるという雰囲気を、組織内に一定程度、作ることができたと自負しています。

組織内の人間関係は、甘い友人関係とは異なり、仕事をやり遂げる人間関係。これが実行するための人事の鉄則です。

第2章

本当に実行すべき課題はどう見つけるか

橋下流・問題解決のノウハウと、マインドの持ち方

リーダーは、「小さな問題点」には目をつぶり「大きな問題点」を見つける

最初にリーダーのポストに就いたとき、考えるべきことは、**「現場の仕事」と「リーダーの仕事」の仕分け**です。僕は、現場に任せてやってもらう仕事の領域と、僕が主導権を持ってやる仕事の領域の仕分けにこだわりました。

リーダーはリーダーがやらなければならないことに専念し、現場ができることは現場にどんどん委ねていくというのが基本原則です。自分にしかできない仕事に集中するために、リーダーはできる限り実務的なことは現場に委ね、決断・判断・決定することに重きを置くべきだということです。

また役所組織は民間企業と異なる特殊事情があります。民間企業の場合にはトップと部下は運命共同体であり、トップは部下を守ることも大きな仕事になります。しかし、役所組織の場合には、トップはその組織のトップであると同時に、選挙で選ばれた政治家であり住民の代表でもあります。ですから住民が役所組織に思うところを代弁する必要もあり、時として役所組織とぶつかることも多いのです。さらに、政治家である以上、選挙の洗礼を受けな

ければなりません。早ければ四年で役所組織を去る存在です。他方、部下である職員たちは通常約四〇年間、その組織に籍を置きます。知事・市長は役所組織からするとお客様のような存在なんですね。

このような役所組織の特殊事情を踏まえて、トップと現場の役割をいっそう明確にしなければなりませんでした。

たとえば、民間企業ならトップの言うことを確実にやってくれるかもしれませんが、役所では、トップの考えと組織の構成員である職員の論理が違っていることがしばしばです。「トップが言うから仕方がない」と考えて現場がやってくれるかというと、そうではありません。できない理由を次々と挙げて抵抗してくることがあります。

僕は、新しい府政、新しい市政の方針を打ち出して号令をかけましたが、現場からは「こういう法律があるのでできません」「こういう国の制度があってできません」「他の諸制度とのバランス上できません」「財源がありません」「住民訴訟のリスクがあります」などと言ってくることがよくありました。

法律や制度の壁があるのに、「何とかしろ！」と怒鳴っても、無理なものは無理なわけです。このような場合に、国と掛け合って法律や制度を変えたり、役所組織内でルールを変えたり財源を用意したりするのは、トップであり政治家でもある知事、市長の仕事です。副知事、副市長以下の職員にはできないことです。

他方「リーダーはボトムアップで部下の声を吸い上げろ」という考えもありますね。それはその通りですが、**部下が言っていることに乗っかっているだけのトップでは意味がありません**。

失敗例は、旧民主党・鳩山由紀夫政権です。鳩山さんは、「現場の声を調和させるのが私の役目だ」と言っていましたが、その考え方だと現場の各メンバーの自己主張が強くなって収拾がつかなくなってきたときに、対応ができません。

現場の声を調和させることはトップがやらなくてもいい。いわゆる調整役というのは、トップの一つ下か、二つ下のポジションに担ってもらうことです。トップは大きな方向性を示して、組織をリードしていくのが役目であり、その大きな方向性の中で、現場を調整するのは現場のまとめ役の役割です。

確かにボトムアップというのは、聞こえはいい。しかしトップにとって、ラクをしようと思えばラクができてしまいます。「良きに計らえ」と言って、すべてを部下に任せてしまうこと、部下から上がってきた書類にハンコを捺《お》すことも、ある意味ボトムアップです。

ですから、ボトムアップで現場の声を聞くことは否定しませんが、現場の仕事とリーダーの仕事を明確に分けて、「リーダーは現場のできないこと、現場がやらないことをやるものだ」「リーダーは決断・判断・決定が主な仕事、現場はオペレーション（実務）が主な仕事」と認識しておくことが重要です。

さらに、**リーダーが現場の実務の細かなことに口出しをすると、たいがい失敗します。**細々としたところにまで、「これは違うんじゃないか」「あれは違うんじゃないか」と口を出すと、現場から「何も知らないくせに」と思われますし、実際リーダーは現場のことをそこまで知りません。

これについても、失敗例は、鳩山政権。

旧民主党は、「脱官僚、政治主導」を掲げて大臣、副大臣、政務官が役所に乗り込みました。何をやったかというと、電卓を横に置いて、パッパッパッと数字を弾いて、「ここの数字はこうじゃないか」という細かい実務的な指示など。そうなると、大臣、副大臣、政務官が本来やらなければならない決断・判断・決定が滞ってきて、課題が滞留してしまい、霞が関の官庁組織が動かなくなってしまいました。

現場における実務上の問題点というものは、探せば山ほど出てきます。細かい問題点を指摘し始めたら切りがありません。実務的な問題の解決は現場に任せればいいのです。やはり、それよりも**現場が気づいていない大きな問題点を探り出して、それについて現場ときちんと話し合いながら、最後は決断・判断・決定をしていくことがリーダーの役目**です。僕はその視点で、現場のことを勉強していきました。

リーダーの仕事は、部下が気づかない大きな問題点を見つけること

たとえば、大阪の治水問題では、ダム政策について現場の人たちと議論できるように、僕は本を読みあさりました。土木工学や構造計算などの専門的なところまで僕がやる必要はありませんが、最低限、ダムの専門家と共通の土俵で議論できるくらいの知識は必要です。細かな実務的なことは専門家に聞けばいい。

何も知らない状態で、大臣や知事が「ダムを見直します」と担当部局に指示をしても現場は動きません。治水の考え方やハイウォーターレベル（計画高水位）といった概念を最低限

勉強していなければ、現場の人たちと話がかみ合わなくなります。

ダム政策の現場の人はみな専門家。大阪府庁に入庁するのは、京都大学で修士論文を書いて卒業したような専門性の高い人たちです。そのうえ、府庁に入って治水行政の実務を何十年もやってきています。

専門家であり、実務家でもある優秀な人たちですから、僕が何の基礎知識も持たずにその人たちと議論することなどできません。何も知らなければ、バカにされるだけです。ダム工学の本は膨大な数がありますが、僕はその中で重要そうなところを読みあさりました。

確かに現場の人たちは、高度な知識を持った専門家・実務家ですが、専門家だからこそ気づいていない面があります。**専門家としての思い込みや予断があるため、かえって見えなくなっているものもある**はずです。現場の専門家が気づいていない課題を見つけていくのがリーダーの仕事です。僕はそうした意識を持って、専門書の類を読んでいきました。

ダムは、上流で降った雨の水が下流に勢いよく流れ込まないように、河川をせき止めるものです。ダム工学の本を読んでいるうちに、ふと「ダムの下流に集中豪雨が降ったらどうなるのだろうか」と疑問を持ちました。

現場の人と話をすると、降雨量や河川の流量などをもとにダムの役割を説明してくれました。僕は「上のほうに雨が降った場合のことは分かったけれど、下のほうに雨が降った場合はどうなんですか?」と聞きました。「いや、それはまずないです」と言うので、「まずないって、どういうことですか?」と聞き返しました。

みなが色々説明してくれましたが、ちょっと怪しいなと思い、徹底的に調べました。調べて分かったのは、ダム建設の計画は過去の雨の降り方のデータをもとに「蓋然性《がいぜん》」に基づいて行われているということでした。ダム治水工学のありとあらゆることが、蓋然性に基づいているのです。専門家からすれば、当然のことでも、素人の僕からすると驚きです。

その下流には集中豪雨が降らないという、過去のデータからの蓋然性に基づいてシミュレーションしているのであって、ある意味でフィクションに基づいてダムを造っているようなものです。下流に集中豪雨が降った場合のことは想定されていなかったのです。

今の災害は、起こった後に「想定外だった」と言われるものが多い。そこで、想定外の豪雨について最も強い治水方法は何であるのか、という視点で議論しようと指示をしました。

調べるにつれて、治水計画というものが壮大な蓋然性に基づいていることがだんだん分かってきました。このポイントが分かると、むしろ専門家でない素人のほうが、かえって思い込みや予断なく、治水工学の考え方の問題点や、その状況下で最もふさわしい治水方法は何かについて議論ができるようになります。僕はハイウォーターレベルという概念にも疑問を持ち、現場の人たちに詳しく聞いてみました。

ハイウォーターレベルというのは、河川の水位はここまでにしなければいけないというラインです。各河川にハイウォーターレベルのラインを設定して、水がそのラインを超えないようにダムが必要とされてきました。

ハイウォーターレベルについては、現場の人たちは「一センチでも超えたらダメです」と言うので、「なぜ一センチでも超えたらダメなのかを教えて欲しい」と聞くと、明確な理由を言える人はいませんでした。結局これも蓋然性だということが分かりました。「こういう場所では、水位がこのくらいのラインまでなら堤防が耐えられそうだ」というところに線を引いたもの、あえて粗く言えば、経験に基づく「だいたい」のライン、という感じです。

たとえば川幅が広い淀《よど》川の場合、一センチ超えるだけでも膨大な水量になります。超えないほうがいいのは確かですが、現場の人たちは、一センチでも超えると大阪が破滅しかねないような勢いで「絶対に超えてはダメです」「ダムが必要です」と言ってきました。

ここで必要になるのが、「一センチを超えないようにするための費用はいくらかかるのか」「ダムを造る以外に他の方法はないのか」などの総合判断です。そのような議論に誘導し、専門家や実務家に議論させ、最終的に決断・決定するのがトップの役割です。治水の現場のメンバーは、とにかく一センチを超えないために数千億円をかけてでもダムを造るべきだとの一点張りのところに、総合判断を入れるのがトップの仕事なのです。

何も知識がないと、「ハイウォーターレベルは一センチでも超えたらダメです。だから、ここにダムが必要です」と言われたときに、「ああ、そうなのか」と納得してしまいます。ハイウォーターレベルについて学んだことで、「ハイウォーターレベルを超えていいと言うつもりはないけれども、一センチでも超えないために何千億円もかけるのは考え直してもいいんじゃないか」と言って現場の人たちとさらに深く議論ができました。

議論の末、「最後は政治の責任だから、知事として責任をとります」と言って、淀川水系にある大戸川ダムの建設を止める方針を出しました。

既に工事に着工していた大阪府の槇尾《まきお》川ダムに関しても、同じような議論を現場と行ない一年ほどの徹底的な議論を踏まえた結果、ダム建設を中止しました。ダム以外の治水方法として、川幅を拡幅する河川改修の方法に転換したのです。ダム上流部に豪雨が降る蓋然性を絶対視せず、中流、下流のどこに豪雨が降ろうが最も水害に耐えられる街を作ろうという考えです。二〇一八年の西日本豪雨災害では、ダムが水を貯めることができなくなり緊急放流をし、そのことで水害が拡大しました。最も水害に強い対策は、水がしっかり流れる河川に改修することです。この場合には、河川周辺の家屋等を移転させる大変な労力が必要となりますが、真に水害に強い街を次世代に残していこうという総合判断によって、ダム工事を中止しました。

「課題の発見」をするための本や新聞の読み方

ダム一つとっても、膨大な量の本を読まなければなりません。一つの課題で勉強しなければならないことは山ほどありますが、知事や市長というトップが扱う課題は、ダムだけでなく、医療、教育、福祉からインフラ整備や公務員改革に至るまで多岐にわたり、現場の人たちと議論するためには学ぶべきことは数え切れません。

僕はあらゆる課題について、少なくとも現場の人たちの話を聞いて内容を理解でき、ある程度の議論ができるくらいまでは、勉強をしました。

とはいっても、**リーダーの勉強の仕方は、専門家の勉強の仕方とは違います**。

たとえば、「新しい車を作りましょう」という話になったときに、リーダーはブレーキの構造やブレーキの製造法について細かく知る必要はありません。知るべきは、「今までの車の何が問題だったのか」という部分です。問題点を探るために、たくさんの本を読みあさるのです。

とはいえ、もちろんリーダーは評論家や博識家になるわけではありません。ですから、本を一ページ目から読む必要はありません。むしろ一ページ目から読み始めるほうが、リーダーとしては不適格だと思います。

現場の人たちでは解決できない問題を解決するのがリーダーの重要な仕事の一つですから、「何が問題か」を探り出す目的で、該当箇所を読んでいきます。新聞を読むにしても、知識を増やすことだけが目的ではありません。ニュース記事を読みながら、各事象について、この問題点は何か、それを解決するためには何をどのようなプロセスで進めていけばいいのかを常に考えます。すなわち各記事について、**常に持論を持つように頭の体操をしておく**ということです。リーダーは知識を蓄えるためではなく、問題解決能力を磨くために、本や新聞を読むべきです。この点については、第4章でさらに詳しく述べたいと思います。

知事、市長時代に、僕は人生の中で一番勉強をしたと思っています。司法試験を受けたときよりもずっと勉強しました。

僕の周囲にいた幹部の人たちは、僕の勉強量や仕事量を知ってくれていたと思います。その点には自信を持っています。少なくとも、手を抜いているとかサボっているとは絶対に思われていなかったと自負しています。

「右か左か分からない」という案件は、「割り箸役」になって決める

現場の部下たちが解決できなくて困っている問題を解決するのが、リーダーの仕事です。判断を逃げて先送りしたり、部下に投げ返したり丸投げしたりしてしまうのはリーダー失格です。

大阪府庁の場合、主査→課長代理→課長→次長→部長→副知事という順で、それぞれのレベルで議論に議論を重ねて、決められなかったものが上にあがっていき、最終的にそれでも

決定できない案件が知事の元に来ます。

各レベルでさんざん議論して結論を出せなかった案件は、「右に行くべきか左に行くべきか本当に分からない」というような案件です。どちらに行くかがはっきりしていれば、リーダーよりも下のほうで決めて、とっくに解決しています。どちらに行くべきかが分からないからこそ下では決められず、上へ上へとあがってきて、最後に知事のところまで来るわけです。上にあがればあがるほど、大阪府庁の中で出世競争に勝った優秀な行政マンが議論を重ねます。そして、副知事が乗り出してきても結論が出なかった問題が知事に来る。

このように現場や組織が判断・決断を下しにくい難しい案件を、リーダーはどういう判断基準で決めればいいのか。

僕の場合は、**自分の役割は「割り箸」だと割り切っていました**。割り箸を机の上に立てて、右か左か倒れたほうに決めるときの割り箸の役割です。「割り箸を倒して決める？」と不思議に思うかもしれませんが、事の本質はそこにあります。

その道のプロたち何百人が、ああでもない、こうでもないと散々議論しても決めることができないような案件は、「どちらを選択するべきか分からない」、裏を返せば「どちらを選択しても仕方がない」という議論の煮詰まった案件です。こんな案件について一個人が「絶対的に正しい」判断などできるわけがありません。

大阪府知事、大阪市長時代には、組織において「右か左か分からない」「決めることができない」という案件が、一日に数十件とあがってきました。それこそ十分単位であがってきます。しかし知事や市長、政治家といえどもスーパーマンではなく、ある意味普通の人間です。むしろ部下の行政マンたちのほうが専門的知識は豊富です。民間企業でも同じでしょう。リーダーよりも部下のほうが現場を良く知っているはずで、現場が決められない案件について次々と絶対的に正しい判断をしなければならないと思いすぎると、リーダーはプレッシャーに押しつぶされてしまうでしょう。

そんなプレッシャーに押しつぶされないようにするためには、リーダーは割り箸役なんだと割り切ればいい。「そこまで組織で徹底して議論しても結論が出ない問題は、どちらに転んでもメリットもリスクもほぼ同じ。そうであれば自分は割り箸役になって、右か左に倒れるだけでいい」と。もし本当に「割り箸を倒して決めました」と言うと、組織や関係者は「えーっ！　そんないい加減なやり方で決めるのか！」となるでしょう。だからリーダーが決めたという「カタチ」「体裁」が必要なだけなんです。**リーダーは絶対的に正しい決定をするというよりも、誰もが決められない問題について「決める」ということが役割**なんです。そう割り切らないとリーダーなんて務まりません。

正しい解を見つけ出すより、まずは決断

そう言うと「橋下は何も考えずに決めていたのか！」などとお叱りを受けそうですね。この点、大阪府の幹部たちに話を聞くと、僕の前任の太田房江知事は、本来は知事が判断しなければならないような案件の多くも副知事の判断に任せていたそうです。ただし、太田さんご本人はそのことを否定していることを付け加えておきます。

本来知事が判断しなければならない案件を、副知事に任せてしまうと、副知事は積極的な決断から逃げてしまいます。その案件の結論は先に延ばそうという動機が強く働くのです。そりゃそうです、人間誰だってそこまで責任を負わされたくない。ですから、十分に判断できる案件は副知事以下に任せてもいいのですが、副知事以下では判断できない案件は、知事である僕のところに積極的にあげるように組織に指示を出しました。その結果、僕のところには判断の極めて難しい案件が次々とあがってきました。判断案件の数が膨大すぎて、すべ

てについて絶対的に正しい解を見つけることなどできない状況に物理的に置かれたのです。そのため、かえって「全部について、絶対的に正しい解なんて、見つけられるはずがない！」と開き直ることができました。

　コンサルタントや学者が書いた経営書には、「絶対的に正しい解を見つけ出すための方法論」が延々と書いてあります。その中には、ＭＥＣＥ《ミーシー》、ロジックツリーなど、いかにも正解を見つけ出すことができそうなメソッド名が並びます。しかし、右か左かフィフティ・フィフティの煮詰まった案件が、一日に何十件もあがってくる状況に置かれた人間が、そんなメソッドで一件、一件判断できるはずがありません。コンサルタントや学者は、リーダーが置かれている状況を知らないのです。

　リーダーがやるべきことは、組織に正しい解を見つけさせる努力を促し、自らのところまで来た案件については、絶対的に正しい解を見つけ出すというよりも、**決断をして責任をとる**ことです。

　僕は、大阪府知事・大阪市長の八年間において、「右か左かフィフティ・フィフティの案件は、必ずどちらかに決断する」という方針でやってきました。先送りはしません。もちろんその判断・決断が必ずしも正しいものばかりではなかったでしょう。それでも結果的に、大阪府・大阪市が破綻・破滅するような事態には至っていません。むしろ、これまで先送りされてきた課題が前に進み、これまでの大阪の政治ではできなかったことが、どんどん実現しつつあります。そして大阪の指標の多くが、下降傾向に歯止めがかかり、上向きになりつつあります。

「どちらを選択すべきか分からない」ということは「どちらを選択しても大して差がない」ということ。そう開き直ってしまえば、プレッシャーに負けずに、判断・決断ができるでしょう。

絶対的に正しい答えなんて見つからないもの

僕の場合は、トップとして決める立場にいましたが、課長や係長の職にある人も、それぞれの立場で似たような状況だと思います。部下の人たちが悩んで決められなかったことが自分のところにあがってきます。それを判断するのが上司の仕事です。

全部に絶対的に正しい解を出さなければいけないと思うと、プレッシャーに押しつぶされてしまうかもしれません。「悩み抜いても正解が分からないことは、割り箸になった気分で決めよう」と思えば、気持ちもラクになると思います。

成熟した民主主義社会においては、失敗しても命まで取られることはありません。あとで触れますが、僕は大阪都構想を打ち出して、最終的に住民投票で否決されました。

住民投票は熾烈《しれつ》な戦いでした。大阪都構想は大阪市役所を解体するわけですから、大阪市議会議員や市職員にとっては死活問題。大阪市議会議員は全員クビになりますからね。市役所の補助金もどうなるか分かりません。市役所から補助金をもらっていた各種団体は不安にかられます。彼ら彼女らは是が非でも大阪市役所を死守したいので、大阪都構想には猛反対します。まさに幕藩体制を守る側と、それを打ち壊す側の戦いです。世が世なら、殺し合いになっていたでしょう。ですが、民主主義社会ですから、弓矢も鉄砲の弾も飛び交わず、せいぜい、僕に対する誹謗中傷のビラが撒かれたくらいです。

僕はその戦いに負けました。戦国時代なら僕は打ち首。僕だけでなく、家族も打ち首です。でも、そんなことにはならず、僕はこうしてピンピン生きています。むしろ失敗した方が経済的にもラクになりました（笑）。

失敗しても命まで取られることはないのですから、「絶対に失敗しちゃいけない」などと考えないほうがいい。

絶対的に正しい解なんて、そう簡単に見つかりません。リーダーは決めなければならない立場ですから、「正解が分からなくても決める」「どうしても迷ったら最後は割り箸になった気分で決める」というふうに考えておけばいいと思います。

「判断の軸」を部下に示すことは問題解決の第一歩

「割り箸を倒すようにして決める」と述べましたが、そうは言っても、何の基準も軸もない中で適当に決めるわけではありません。自分なりの判断基準というものはあります。まずはその判断基準に適《かな》う選択肢を採ります。そしてその判断基準に照らしてもどちらを選択したらいいのか分からないときには、割り箸になった気持ちで選択します。

ですから割り箸を倒すようにして決めるといっても、最後どちらを選択しても自分の判断基準に適っていることが前提ですし、そうであれば部下から上がってくる案は、基本的にはその時点である程度リーダーの判断基準に適っていることが大前提です。

そのためには**リーダーは自分の判断基準・軸を日頃から組織のメンバーに伝えておくことが必要**です。そうすることで、部下たちはその判断基準・軸に沿った形で議論し、考えた案をあげてきてくれます。

僕の場合は、「フェア」（公平性）という軸を柱の一つにしていました。民間企業においても、利益や顧客満足や社会貢献など、様々な軸があると思います。

では、具体的に「フェア」とは何か。たとえば、補助金の使い方であれば、特定の人だけを利することは絶対に許しませんでした。

その他の案件でも、部下が案をあげてきたときに、それが「フェア」という軸から外れていた場合は「これは他の人に参加機会を与えていないよね」と言って何度も考え直してもらいました。「フェア」を基準にして、現場に細かな事項までやり直させる。これを繰り返すことによって、徐々に組織全体に「橋下は参加機会の平等を重視している」ということが浸透していきました。

一言、二言、リーダーから組織にメッセージを出すだけではダメなのです。リーダーがいくつかの事例について自らの行動で示さなければなりません。このようにしてリーダーの判断基準・軸というものが組織全体に伝わっていくと、リーダーが細かな指示を出さずとも、部下たちのほうから、常に万人にチャンスを与える制度に仕上げて僕のところにあげてくるようになりました。

たとえば天下りというのは、明らかにフェアな仕組みではありません。府の幹部だけが、府から補助金や仕事をもらって経営が安定し、職員の給与・報酬がきちんと保障される特定の団体に再就職できるというのは、彼ら彼女らにだけ利益を与えているということです。

一般の人にもその特定団体への就職のチャンスを提供すべきですから、フェアな仕組みにするように指示を出しました。

そこで天下りをチェックする委員会が設置され、しかも再就職については全件、チェックする仕組みとなりました。このチェックを踏まえることによって、大阪府や市から補助金や仕事をもらっている特定の団体、いわゆる外郭団体は、今はすべてハローワークに職員採用募集を出すことになりました。ハローワークに職員採用情報が出ておらず、府の職員だけが再就職できるようになっている団体に、職員が天下りしようとすると、天下りチェック委員会が却下しています。

このように外郭団体はハローワークに募集を出すわけですが、府庁や市役所の役人たちはどの外郭団体にどれくらいの職員採用枠があるかという情報を、先に入手しています。他方、一般の人たちはハローワークに募集が出てから情報を知ります。外郭団体がハローワークに採用募集を出す期間を短くすると、一般の人に周知されないうちに府庁・市役所職員が応募してしまい、形だけの機会均等になります。そうならないように、募集期間をきちんと確保するようにさせました。

また、役所内部で不透明に情報を知ることを防ぐために、役所内人材バンクを作って、ルールに基づいて外部団体の職員募集情報を集約させ、ルールに基づかない内部での事前の情報提供を止めさせました。

これだけやっても、役人ＯＢばかりが外部団体に就職するのが実態でした。そこで、外郭団体側の人事委員（採用委員）に外部の人間も入れるようにさせました。これくらい徹底して細かくフェアの基準にこだわって、部下に見直しをさせることで、僕のフェアという基準・軸が組織に徐々に浸透していったと思います。こうなると、天下り問題以外のところでも、フェアという基準・軸に従って役人自らが制度の見直しを行なったり、新しい案をあげたりしてくるようになりました。「フェアを重視せよ！　天下りをなくせ！」というメッセージだけではダメなのです。**リーダー自らが、自分の基準・軸を行動によって組織に示さなければならない**のです。

現在の大阪府、大阪市は、どんなことでも外部の人に機会を提供するということが大前提になっています。

組織に長くいる人たちは、長年の慣行や組織風土を簡単には変えられません。ＯＢたちが決めて何十年間もやってきた慣行を変えるのは大変です。特に天下りのような問題は、ＯＢたちの顔がちらつきます。組織風土を変え、既得権を壊す改革を実行できるのはトップだけです。

「自分を知ること」の大切さ

先ほど、リーダーは「最後は割り箸の役割になって決定する」と述べましたが、もちろん割り箸にも形状・材質などに個性があります。そしてその個性が右に倒れやすい、左に倒れやすいという傾向を生んできます。それと同じように、トップ・リーダーの最後の決定には、リーダーの個性が影響してくるのは当然です。

右に行っても左に行っても、絶対的な正解でもなく絶対的な誤りでもない状況においては、その決定にリーダーの個性が影響してもさほど問題にはなりません。

そして、リーダーの個性は、彼ら彼女らの人生経験の積み重ねによって形成されてくるものであり、これも「絶対的に正しい」「絶対的に誤り」と評価されるようなものではありません。
ちなみに、僕の決定の個性は、僕のこれまでの人生の歩みによって、次のような傾向があったと思います。

やるか、やらないかとなれば、やる。
大胆なものか、まずは第一歩的なものかとなれば、大胆なもの。
これまでのやり方か、新しいやり方かとなれば、新しいやり方。
現状維持か、変革かとなれば、変革。
調和的なものか、波風を立てるものかとなれば、波風を立てるもの。
体裁を気にするか、気にしないかとなれば、気にしない。
対症療法的なものか、抜本的根治的なものかとなれば、抜本的根治的なもの。
目の前の利益か、長期的な利益かとなれば、長期的な利益。
特定・一部の者の利益か、万人の利益かとなれば、万人の利益。
現役世代・将来世代の利益か、高齢者の利益かとなれば、現役世代・将来世代の利益。
現役世代の利益か、次世代の利益かとなれば、次世代の利益。

このような傾向のある僕の最終決定の一つ一つが、結果として一〇〇%正しかったとは言い切れないところもあるでしょう。「これはまずかったんじゃないの?」というものも、もちろんあると思います。

しかし、トップ・リーダーの最終決定は膨大な数があり、最後はそれらの総合的な結果・状況を観るほかないと思います。

今の大阪府政・大阪市政による大阪の状況を観れば、右のような傾向にある僕の最終決定は、次のチャンスにつながる結果を生み出し、総合的には間違っていなかったと自負しています。

ここまでは僕自身のケースについて述べてきましたが、同様に、**リーダーは自らの個性・傾向を知っておくことも、重要である**と言えるでしょう。自らのことを知っていてこそ、部下に自分の判断基準・軸を示すことができるのです。

正解をたぐり寄せる「心証」という方法

一つの案件について組織内で見解が激しく分かれるということはよくあることです。本当に右か左かまったく分からない状況に陥ったときには、リーダーが割り箸を倒して決めるように決める、ということはすでに述べました。

しかしそうなる前の段階では、なんとか正解を見つける努力を尽くさなければなりません。その一方法を例示します。

たとえば、役所組織内において、財政再建をしていく過程で、事業部局は「この予算が必要だ」と主張し、財政担当は「この予算は不要だ」と主張することがよくあります。

病院改革では、病院を担当する事業部局は「病院に対する運営補助金が、こういう理由でこれだけ必要だ」と主張し、財政担当は「こういう理由で、そこまでの運営補助金は出せない」と主張します。

こういうときには、僕は、**目の前で両者にとことん議論をさせました。**徹底的に議論をしてもらって、**「どちらがストンと腹に落ちるか」という「感覚的な基準」で議論を聞き、実際、腹に落ちたほうの主張に軍配を上げます。**繰り返しになりますが、一方の主張を採用する理由は「腹に落ちた」という感覚的なものです。

僕が府知事に就任した直後、徹底した財政再建の取り組みをやったときには、この方法によって財政再建案をまとめ、実行しました。

小西さん率いる財政再建プロジェクト・チームと、予算を要求する事業部局を徹底対決させました。両者からエース級の職員が出てきて白熱した真剣議論をします。学者やコメンテーターの生ぬるい、現場の現実からかけ離れた見解・コメントなどとはまったく異なります。

僕が裁判官になったような形で、目の前に財政再建プロジェクト・チーム側と事業部局側の席を向かい合わせに配置し、言いたいことは全部言ってもらいました。

朝から夕方まで両者が議論するスケジュールを組んでもらい、毎日のように議論を続け、僕はずっと聞いていました。

そのうえで、「今回はこっち」「今回はあっち」と、どちらの主張を採用するのか決めました。その際の判断基準は、腹に落ちたほうはどちらかというものでした。

これはまさに**裁判において裁判官が判断を下すやり方を参考にした**ものです。裁判官が判決を下すときには、法律論をもとに論理的に結論を導かなければいけませんが、結論は法律論とは別の「心証」によってある程度決まります。心証とは、要は「感覚」です。

民事の場合でしたら、原告と被告がお互いに言い争い、それぞれが主張と立証を尽くすと、聞いているほうは何となく、「原告の勝ちだ」とか「被告の勝ちだ」という心証を抱くことになります。

しかし裁判官が「私の心証＝感覚によると原告（被告）の勝ちです」と言っても誰も納得しませんので、納得させるために法律論を使って結論を導いていくわけです。つまり感覚で得た結論を、法律論で補強していく感じです。

裁判官は日々、様々な裁判にかかわっています。その経験を基にすると、対立する両者の話をじっくりと聞けば、ある程度の心証ができるものです。最初に心証形成があって、その後に法律論による論理形成というような順番です。ここは少し論理的ではありませんが、感覚的な心証形成はとても大事です。

裁判員制度が導入されたのも、法律家ではない人たちの心証形成を重視しましょう、という考えに基づいています。

専門知識を持っていなくても、普通に生活している人であれば、対立する二者の主張をじっくりと聞けば心証は形成されます。小難しい話でも、「何となく、こちらの人の話のほうがストンとくるな」という感覚になるものです。法律のプロでなければ心証形成できないということになると、裁判員制度自体が崩れてしまいます。

裁判というのは、絶対的に正しい解を見つけるのが非常に難しい世界ですが、「心証」を使って問題解決の糸口を探っています。

裁判以外の仕事も同じだと思います。僕が知事、市長のときには、もちろんあらゆる行政上の知識を持ち合わせていたわけではありませんが、一つの案件について役所内部で対立する意見が出ているときには両者に徹底的に議論をさせ、それを裁判官のように聞き、心証を形成しました。論理的とは言えないかもしれませんが、心証形成を使うと非常に難しい問題でも判断・決断ができます。

どちらかの主張が腹に落ちるという心証形成すらできない場合には、最後は「割り箸」になって決めるしかありません。理由も心証形成もへったくれもなく、ただただ割り箸が右、左に倒れるようにどちらかの選択肢を選ぶのです。

トップが何らかの判断・決断を下さないと、問題はそこでフリーズして動かなくなります。絶対的に正しい解が分からなくても判断・決断を下す、という覚悟を持つ。それが問題解決への道につながります。

第3章

実行し、信頼される人の条件とは

部下は結局、上司の背中を見て動いている

「部下ができないこと」を実行するのが、リーダーの役割

第2章で、「リーダーの仕事は、部下が気づいていない課題を見つけることだ」と述べました。それと同じくらい重要なのは、「部下ができないことを実行すること」です。

前述した通り、弱冠三八歳で府知事に就任した僕は、まず「自分の役割は『部下ができないこと』を実行すること」と決め、副知事以下の職員が絶対にできないことをやろうと考えました。それを実行することによって、少しでも信頼してもらうしかありません。

知事の任期は四年。スピード感を持ってやらないと、四年間などあっという間に過ぎてしまいます。

「部下ができないこと」と言っても、ちまちましたことでは、組織にインパクトを与えることはできません。部下がこれまで「絶対にできない」と思っていたこと、部下にとっての長年の懸案、こうしたものを解決することによって、「最初の衝撃」を与えることが、重要だと考えたのです。**マキャベリも名著『君主論』において、「統治者は最初に衝撃的な大事業を行なうべき」という意味のことを語っていますね。**

当時、府庁の職員たちの積年の不満は「国直轄事業の地方負担金」の問題でした。地方負担金とは、国が公共事業として大きい国道やトンネルを造るときに、地方自治体にその負担を求める仕組みのことです。国土交通省から請求書が回ってきて、「〇億円支払え」という感じです。請求書には内訳も何も書かれていません。

職員から見せてもらって驚きました。「これ、いったいゼロがいくつなん？」と聞いて数えたら、ゼロが一〇個くらい（笑）。数百億円という金額でした。

国の直轄事業の地方負担金があまりにも一方的すぎるということは、一九五九年くらいから問題になっていました。「国の仕事だから、国が全部資金を出すべきだ」というのが地方の主張。全国の首長や地方公務員が国に不満を持っていましたが、地方サイドが声をあげても、国は「聞く耳持たず」で、知らん顔。

僕は地方負担金のことを知って、「これはおかしいんじゃないか」と思いました。大阪の改革を進めるうえで国とは色々な喧嘩をしましたが、国に設置された、外部有識者委員からなる地方分権改革推進委員会に出席したときに地方負担金についても声をあげました。

とはいっても、委員会で普通に発言したくらいでは、無視されるだけ。メディアにメッセージを乗せて世論を大きく動かさないと、国は相手にしてくれません。僕は「これは、ぼったくりバーじゃないか。こんなもんは、支払いを拒否する」と、国ととことん喧嘩をする宣言をしました。

するとメディアが飛びついて、連日のように小難しい地方負担金の行政制度の話を報道してくれました。地方行政のマニアックな話ですが、メディアが盛んに取り上げたため永田町の政界でも関心を集めました。二〇〇九年、民主党に政権が交代するかという総選挙を控えている時期でした。

一九五九年以降、全国知事会がずっと見直しの申し入れをしていましたが、見向きもされなかった案件です。全国知事会は普段特定の政党を支持することはありませんが、国会議員を動かさないと国は相手にしてくれませんので、今回はチャンスと見て、政党にプレッシャーをかけるべく、各政党幹部を呼んで討論会を開きました。選挙前でメディアでもこの負担金問題を大きく取り上げてくれていましたから、各党ともに「地方負担金を見直す」と言わざるをえない状況になり、自民党も民主党も見直しを約束してくれました。

もうこうなると、どちらの政党が勝っても何らかの動きがあるはずです。結局、民主党が選挙に勝って政権を取り、地方負担金を見直してくれることになりました。

大阪府の職員にとって、国直轄事業の地方負担金の見直しは長年の念願でした。これまで絶対に見直しができないと言われていた地方負担金の見直しに僕がチャレンジし、実際にそれを実現したことで、府庁の現場の職員が僕の話により聞く耳を持ってくれるようになったと思います。部下ができない仕事をやり遂げたことに対する信頼感の醸成ですね。

これまでのチームのメンバーが、絶対にできなかったことをやる。それがリーダーと部下の信頼関係の土台です。

部下の固定観念をぶち壊すために、何をするか

次に、二〇一一年末に大阪市長になったときには、どんな「衝撃」を市役所組織・職員に与えたのか。「ここまでやっていいんだ」ということを職員に示すために、大阪の象徴である大阪城を利用しました。

大阪城の天守閣の前に「西の丸庭園」という美しい庭園があります。多くの民間事業者から何度も「西の丸庭園でイベントをやりたい」と申し入れがありましたが、「西の丸庭園でイベントなんて、ありえない」というのが、大阪市役所の常識でした。

西の丸庭園は、大阪市の文化財担当部局にとっては「聖地」です。これまでの長年の市役

所慣行や、組織の常識としてイベントなんて許されるはずがない、と誰もが思っていました。だから、やるにしても厳格な規制がかかり、大胆なイベントはできませんでした。

大阪以外の地域の方はよく分からないかもしれませんが、大阪城というのは市役所だけでなく、大阪市民にとっても聖地のような場所です。言ってみれば、皇居内でイベントをやるようなものです。

ご存じのように、大坂冬の陣・夏の陣で豊臣は徳川家康に滅ぼされました。しかし、大坂城は残り、大坂町民は依然として豊臣家のことを慕っていました。徳川家康は怒って、「豊臣が造った城郭は全部埋めてしまえ」ということになり、徳川秀忠・家光の時代に、埋めた城郭の上に築いたのが今の大阪城の姿です。

西の丸庭園の芝生の下には、太閤《たいこう》秀吉が造った大坂城の遺構が眠っているのです。

そんな太閤秀吉の造った城の上で、「イベントをやるなんて、とんでもない」という思いもあるのでしょうか。

中村勘三郎さんが亡くなる前に、大阪城の天守閣を借景に歌舞伎をやりたいと言われたときには、テントを張る杭を打つ許可をもらうのに、たいそうな時間がかかったそうです。

この「聖地」をめぐって、文化遺産を守るのか、活用していくのか、議論となりました。

大阪市役所の文化財担当部局は大阪城を守り、活用しない方向性。観光担当部局はそれを活用して大阪を最大限に売り込みたい方向性。両者で激論になりました。

徹底的に調査させて、メリットとデメリットの両方を比較し、最後に「僕がすべて責任をとる」と判断を下し、大阪城を活用する方向性に踏み出すことに決めました。その代わりに、文化遺産には害を及ぼさない方策をとることが条件です。

大きな方向性が決まると役所組織は動き出します。

ただし、最初にドカンとやらないと何のインパクトもなく、職員や市民の意識変革は生じません。西の丸庭園でヨーヨー大会とか、金魚釣り大会とか、カラオケ大会とか、そんなちまちましたことをやってもダメです。メガトン級のイベントが必要です。

そこで大阪市役所は、大阪府庁とタッグを組んで、世界的なモトクロス（オートバイ）の競技大会を開いたのです。

大阪城の庭園での「モトクロス大会」にみなが驚いた

大阪城の活用を考えていた頃、レッドブルという飲料品会社が大阪市役所にモトクロスの競技大会の話を持ってきていました。

レッドブルは、世界遺産のスフィンクスの横や、ロシアの赤の広場でモトクロスの競技大会を開催していて、「次は大阪城でやりたい」ということでした。ちなみに大阪の次はパリのシャンゼリゼでしたが、シャンゼリゼではモトクロスのバイクが空高く飛んで、着地する場所は、なんと凱旋門の上という大胆なものでした。そんな世界的なイベントをやっている会社が大阪に話を持ち込んできたのです。

レッドブルからの申し入れは、「モトクロス大会をやりたいので、西の丸庭園の芝生を全部剝がさせてくれ」というものでした。

大阪市役所にとっては、ありえない申し入れです。芝生というのは保守が大変で、傷つけないように大切に管理しています。西の丸庭園内の樹木も大切に、大切に管理されていました。その聖地の芝生を全部剝がして、オートバイを走らせるというのですから、むちゃくちゃです。市役所職員だけではなく、府庁の職員からも猛反対の声が出ました。

また、別の職員が「こんな大会をやると庭園の地盤がもちません。下に落ちます」と言ってきました。このモトクロス競技は、土で巨大な山のようなジャンプ台を造り、そこをバイクで駆け上がって空高くジャンプします。スピードを競う普通のモトクロス競技とは異なり、空高く宙を舞って、信じられないような回転などを繰り返し、その美しさを競う競技なのです。しかし、庭園の上に大量の土を盛って山を造ると、重みで地盤が耐えられず、下の太閤秀吉が造った大坂城の遺構を傷つけるというのです。

こういうときにはトップによる方針確定が重要です。僕は松井知事とタッグを組み、府庁と市役所の合同会議において西の丸庭園でモトクロス競技大会を開く決定をしました。

しかし役所内では「やはりできない」という声がたびたびあがります。そのたびに何が障壁なのかを確認し、それを取り除くための作業の指示を出しました。「できる方向で進めること」という指示を繰り返し、ボーリング調査を徹底して、一年ほどの議論を踏まえ、最終的な工法が決まりました。地盤に鉄板を敷いて強化し、さらに土で山を造ると重くなりすぎるため、発泡スチロールで山を造ってその上に土をかぶせるという工法です。

こうして太閤秀吉の遺構を守りながら、モトクロスのイベントができる方法が確定し、僕は最終許可を出しました。

このイベントはロック音楽をガンガン流し、華やかな照明が音楽に合わせて点滅し、ビールやウインナー、フライドポテトなどが出されるビアガーデンも併設したものです。とにかく賑やかなものでした。一万人を超える観客が来場し、夜景に浮かび上がるライトアップされた大阪城天守閣を背景に、バイクが空高く飛び上がって回転する姿は圧巻でした。しかもこれだけ大盛況のイベントであるにもかかわらず、税金は一切投入していません。すべて民間事業者の費用でやってもらい、そのうえ、こちらは西の丸庭園使用料として結構な額をもらいます。そして最大の効果は、このイベントが世界中の国にインターネットで配信され、大阪のPRになったということです。今、大阪城に溢れている外国人観光客の中には、このイベントを観てやってきたという人が多いそうです。

さらにイベント主催者のレッドブルは、イベントを大成功に収めたあとに、庭園を見事に元通りに戻しました。芝生が完全にきれいに張り替わっているわけです。これまで芝生の張り替えも税金でやっていたのに。

僕も府庁・市役所の職員も、民間の力のすごさを知りました。

僕は知事、市長になったときに「民間にできることは民間に」という大きな方針を打ち出していましたが、実際に民間がその実力を見せつけてくれたのです。

「最初の衝撃」で、組織の意識は劇的に変わる

イベントが終わってしばらくして、幹部が僕のところに報告をしに来ました。税金は一切使わず、レッドブルから大阪市に多額の賃料が入ってきましたし、広告宣伝効果も絶大でした。

それまでの大阪府・市の情報発信は、数千万円もかけて知事、市長一行が海外に出向き、現地の旅行業者にパワーポイントなどによって大阪をPRする程度のプロモーションでした。しかし、このイベントでは税金をかけずに、世界的なイベントを行ないそれを配信することで、世界中の人に大阪をアピールすることができたのです。

西の丸庭園は、年に一回芝生を張り替えるのにも数千万円かかっていたようですが、レッドブルがきちんと張り替えてくれましたので、その年は芝生の張り替え予算も抑えることができました。

すると、イベント前には、「こんなこと、絶対にできない」「無理に決まっている」と言っていた職員たちが、イベント後は「市長、来年もイベントをやりましょう」と言い出したのです。多くの市民が喜んでくれたため、職員たちも嬉しかったのでしょう、意識が確実に変わり始めました。

絶対にできないと思っていたことが実際にできてしまうと、その他にもこれまでは「できない」と諦めていたアイデアがどんどん出てきます。大阪府庁・市役所の職員は優秀な人が多いので、次から次へと案が出てきました。

たとえば、大阪城天守閣に映像を映す「プロジェクション・マッピング」も民間の費用で実施されました。大阪城が真っ二つに割れる映像には、「大阪城をバカにしている！」という苦情も殺到するなど、大変な話題になりました。それが成功を収め、次は大阪城公園でのナイトプールです。

僕は当時よく知らなかったのですが、ナイトプールというのは、ホテルなどのプールを夜間にオープンし、泳ぐと同時に飲食もできるというもの。水面がライトアップされて「インスタ映え」するということで、夏のイベントとして女性に大人気だそうです。

ナイトプールは、率直に言ってお堅い市役所が許可するイベントとは思えないものです。従来の市役所なら、ありえないイベントです。

僕が退任した翌年の二〇一六年に大阪城公園でナイトプールが実施され、若い女性が集まり、その女性を撮影する目的で若い男たちも集まってきたのでしょうか、とにかく大盛況でした。このイベントも実施したのは民間で、大阪市は税金を使わず、むしろ賃料を受け取っています。

マインドが変われば、部下は自分から動き始める

さらに、「大阪城全体を使ってトライアスロン大会をやりたい」という案も後任の吉村市長（当時）のときに出てきました。

バイクとランニングは分かります。ではスイミングはどこでやるのか？　それは「お濠《ほり》」だったのです。それまでは完全遊泳禁止だったのに。環境基準は満たしているようですが、外来種のアリゲーターガーという魚にちょっと足を突つかれるらしいです（笑）。

このように、今、大阪府庁・市役所の職員の意識は、従来の役人のそれとはまったく違うものになっています。

二〇一七年に大阪城でのトライアスロン大会が実現し、世界のトップ選手たちが大阪城の東外濠を泳ぎました。吉村市長は、大阪城トライアスロンを継続して、ワールドカップへの格上げを目指す方針を出しました。

「こんなこともやっていいんだ」「こんなことがやれるんだ」「できないことはない」という意識がどんどん職員の間に広がり、それが組織的な体質になり、職員たちは、自分たちの手によって他の自治体では絶対に行なえないような大胆な大イベントを次から次へと手がけるようになりました。

僕が政治家を引退する少し前の二〇一五年の秋には、大阪の目抜き通りである御堂筋《みどうすじ》の公道でフェラーリのF1カーを走らせるイベントまで実現しています。これも税金を使っていません。フェラーリ・オーナーズ・クラブの各メンバーが、自分たちが所有しているフェラーリ・カーのパレードを御堂筋で行なわせてくれるならイベント費用を全部出すということだったので、その話で進めました。そのことが土台となり、吉村市長は、カジノを含む統合型リゾートを誘致する大阪湾岸部の埋め立て地において、日本初の公道F1レースを開催する意向を表明しました。

さらに、大阪府庁の職員は、市内中心部にある中之島公会堂の前の公道を封鎖して、ポップミュージックグループ「DREAMS COME TRUE」のコンサートを実現しました。松井知事・吉村市長体制の下では、御堂筋において「コブクロ」のコンサートを実現しました。

また、大阪城の天守閣の横には、旧陸軍第四師団司令部の古い建物があります。戦後は博物館として使われていましたが、老朽化して閉館していました。雨漏りがする建物で、放ったらかし状態でした。

僕は、この建物に関しては「改修するのに四〇億円かかる」と報告を受けました。どうしようかなと悩んだのですが、職員たちのほうから、「市長。民間に全部やってもらいます。ただし、その施設を民間に活用してもらい、儲けてもらうことを認めてください」と提案がありました。話を聞いてみると、大阪城公園全体の管理・運営を丸ごと民間に任せるというのです。当時は公園内で商売をすることは原則禁止。ところが、この職員たちの提案は、今までの役所の考え方を真逆にし、公園を使ってガンガン商売をしてもらう、というのです。もちろん一定のルールに基づきますが。

僕が示した「民間にできることは民間に」「役所が持っている財産を最大限に有効活用」という大きな方針・基準通りに考えてくれていました。僕の基準・軸が組織に浸透していたのです。

大阪城公園を丸ごと民間に管理運営してもらうため、それまで税金を投入していた公園の維持管理費が不要になります。それだけではなく、この職員たちは、民間から多額の納付金をもらうというのです。それも定額の基本納付金に加えて、売り上げに応じた納付金まで。

現在、大阪城公園は外国人も含めて観光客で溢れかえり、僕の市長時代と比べると、別世界の様子です。これで維持管理費用の税金支出がなくなり、逆に収入が増えるのですから、申し分なしの素晴らしい案です。その他、万博記念公園や鶴見緑地公園などでもこの手法を取り入れることになり、案の定、全国の自治体からも注目されるようになりました。今、日本中で、公園を丸ごと民間に管理運営してもらう手法が広がっていますが、その原点は、この大阪市職員たちのアイデアです。

リーダーの仕事は、部下を「やる気」にさせること

僕が痛感したのは、「**組織は口で言っても動かないが、何かを実現させるとメンバーの意識が劇的に変わる**」ということです。今まで「できない」と思っていたことが「できる」という成功体験に変わると、エンジンがかかります。**人間は面白いもので、できると思い始めると、何も言わなくても、自らどんどんチャレンジしていきます。**

　リーダーの仕事とは、部下をそういう状態に持っていくことだと思います。大きな方針を示し、その方針に沿ったことを実現させて、みなに見せる。そうすると、みなの意識が変わり始め、放っておいても自ら動き始めます。

　僕がマネジメントする組織は、大阪府庁一万人、大阪市役所三万八〇〇〇人の巨大組織でしたので、組織的な意識改革を迫るためには、最初にメガトン級の衝撃が必要でした。その一つが大阪城公園でのモトクロス大会で、これを実現させたことによって、職員たちの意識が大きく変わったと思います。

　どのくらいの規模の組織のトップであるかによっても違うと思いますが、部下の意識改革をしようとするなら、**小さな「改善」だけではなく、メンバーに衝撃を与えるようなことを実現させる**ことが必要です。

　改革の鉄則、実行の鉄則として「小さなことを素早く成功させて、その成功体験を積み上げていく」というものがあります。それも重要ですが、しかし「衝撃」もより重要です。部下にいくら「新しいことをしろ」と言っても、部下はなかなか一歩を踏み出せません。過去から続く組織的風土、慣行、メンバーの意識に縛られてしまっています。この呪縛を解くには、組織に衝撃を与えること。そうすると、組織にエンジンがかかり、動き出します。

自ら実践するならとことん徹底的に

リーダー・トップが組織に自分の基準・軸を伝えることの重要性は第2章で述べましたが、これは一言、二言、組織に命じただけではなかなか伝わりません。まず、大前提として組織にメッセージを伝えるためには、「これでもか！」というくらい、細かいことにも徹底的にこだわり、繰り返し、繰り返し言い続けなければなりません。そのうえで最も重要なことは、リーダーが口で言うだけでなく、自身で徹底して実践する姿勢を組織に示すことです。

僕は「税金の無駄遣いは許さない」という自らの基準・軸を、府市民に向けてと同時に役所組織にも発しました。このような僕の姿勢と大阪府庁・大阪市役所が税金の遣い方には厳しいというイメージは、世間にもある程度伝わっていると自負しています。しかし、「税金の無駄遣いは許さない」というのは、どの知事・市町村長・政治家や政治評論家などのインテリたちも言うのに、いまだに税金の無駄使いが行なわれている役所が日本全国に多数あります。

では「税金の無駄遣いは許さない」というリーダーのメッセージが、本当に組織の基準・

軸となり、それを組織的に実践できる場合と、そうでない場合の違いは何でしょうか。

これは、リーダー自ら、税金の無駄遣いを許さないということを徹底して実践しているかどうかです。**「こんなところにまで気を遣うのか！」と、驚かれるくらい小さなところまで徹底しているかどうか。これも組織に衝撃を与える一つの方法**です。

先ほど述べたのは、大きな事業を実現することによって、「こんなことまでできるのか！」という衝撃を与える方法。もう一つは「こんな小さなことにまでこだわって徹底するのか！」という衝撃を与える方法です。

僕は役所内の公用車の使い方や出張旅費、宿泊費について、細かな厳しいルールを決めて、自分自身もそのルールに則って公務を行なっていました。飛行機は知事や市長でも国際線の最上級クラスに乗ってはダメ。国内線ではエコノミークラス。どうしても上級クラスに乗りたければ自腹で乗る。初めての海外出張のときはエコノミーで行ったのですが、到着後から始まる公務に備えることや、相手国への外交儀礼としてどうしてもビジネスクラスに乗って欲しいと言われ、海外出張の際はビジネスに変えました。相手国のＶＩＰに対して、今から会談を行なう相手（僕）がエコノミーに乗ってくるような人物だと示すことは、相手国に失礼らしいのです。

国内出張の知事宿泊費は、東京などの大都市は一泊一万三二〇〇円まで。それ以外の地方都市は一万一六〇〇円まで。海外出張の場合は、米国・欧州の大都市での宿泊費は二万九〇〇〇円まで。アジアの都市（シンガポールを除く）は一万七四〇〇円～一万九四〇〇円まで。この金額では、とれるホテルも限られてきます。松井さんには「こんな金額じゃ東京では泊まれないよ」といまだに文句を言われています（笑）。ここはちょっと現実に合わせて変える必要があるでしょうね。

また公用車に乗って帰宅するときにも、私的（政治的）な用事が間に入る場合は、私設秘書の車に乗り換えました。議会中などは、待機時間が八時間なんてことも多々あり、途中で役所を抜けることもあります。そのときに公用車を使う場合にはすべてホームページに公開することにしました。僕は二四時間、三六五日、大阪府警に警護してもらっていた立場だったため、いったん私的なことで外出して、また役所に戻ってくる場合には警護に適している公用車を使わせてもらうことにしました。役所からフィットネスに行って、また役所に戻ってくるときなどです。しかし自宅に戻るときには、私設秘書の車に乗り換えです。東京出張のときも、東京で私的（政治的）な仕事が入れば、帰りの交通費も宿泊費も自腹。役所の秘書も帰らせます。大阪では知事・市長交際費も廃止です。他の自治体では数百万円からの予算があるところがほとんどです。甲子園などに出場した学校が、表敬訪問に来てくれた場合には、金一封を渡す自治体がほとんどですが、大阪では僕の汚い字のサイン色紙を渡していました（笑）。

こんな厳しいルールは大阪だけでしょう。**はっきり言えば「やせ我慢」**ですが、ここまで税金の遣い方にこだわっているということを、リーダー・トップ自身が示して実践すれば、組織も自ずとそれを実践していかなければという雰囲気になります。「税金の無駄遣いを許さない！」と一言、言うだけでは、そのメッセージに魂は入りません。

口で言うだけでは部下は「腹落ち」してくれないものです。**リーダー自身が、その基準・軸を徹底的に実践する姿を部下に見せて、初めて部下がついてきてくれます。**

「チャレンジの幅」を部下に示せ

企業向けの講演を依頼されることも多いのですが、そうした席で、「うちの組織は、改革の気風が弱いんだよ」とか「うちの中間管理職は改革マインドが少ないんだ」とおっしゃる経営者の方がたくさんいます。「橋下さん、改革マインドをうちの若い三〇代の者に植え付けてくれませんか」と言われたことも。

改革マインドというのは、いくら口で「改革、改革」と言っても植え付けられるものではありません。

組織のメンバーはみな、上を見て横を見て、仕事をしています。上司の顔色をうかがったり、人事担当の顔がちらついたりするものです。「新しいことをやって自分だけ目立ちたくない」という人も多いでしょう。

そんなときにリーダー・トップが「周りの評価なんか、気にするな」と口で言っても酷な話です。部下に果敢にチャレンジをさせるためには、**リーダーが「ここまでは組織として許容するよ」と「チャレンジできる幅」を部下に示してあげる**ことが必要なのです。ただし、部下がある程度予測できるところまでを示すだけでは何の効果もありません。「えっ、まさか、こんなことまでやっていいの?」と部下が驚くようなところまで許容の範囲を示すことが大事です。風穴を開けたければ、ドカンと「最初の衝撃」を与えることです。

先に述べたように、大阪府庁・市役所では、「大阪城でモトクロス競技大会開催」という衝撃を与えたことで、風穴が開きました。その後、職員たちは自ら次々と案を出し、「大阪城でナイトプール」「大阪城でトライアスロン」などなど、これまでの役所では考えられなかった取り組みを実現したことも、前述した通りです。

「最初の衝撃」を与える仕事をするのがリーダーの役割です。リーダーが「こんなことまでやっていいんだよ」と大胆なことを部下に示し、メガトン級の衝撃を与えると、組織全体が動き始めます。

人がついてくる最大の理由は「共感」

リーダーに部下がついてくる理由には様々なものがあります。

人事権を行使されるかもしれないという恐れ、リーダー（上司）の政治力にあやかりたい気持ち、お世話になった恩、リーダーから具体的な利益をもらえることへの期待……など色々な理由があるでしょう。しかし、やはり部下がついてくる最大の理由は、「共感」ではないでしょうか。

人事権や政治力がなく、部下との個人的な人間関係もそれほどないリーダーが部下を引っ張るメインの力は「共感力」です。もちろん人事権や政治力、人間関係力があるリーダーが共感力を持てば鬼に金棒です。

人は、高い目標を実現することに大きな喜びを感じます。賃金・労働条件などの待遇や、生活の安定も重要ですが、それと同等かそれ以上に、人は達成感を求めることが多い。ゆえに目標の実現に向かってとにかく突き進む姿に、人は強い共感を覚えます。

したがってリーダーにとって、「口だけのチャレンジ」は絶対に避けなければなりません。真にチャレンジする姿を部下に示すことが、部下を引っ張る原動力です。

ゴールにたどり着くためには一〇〇〇段の階段を上らなければならないとします。そのときに、一〇段先にある階段が上れないからといって、一段目を諦めてしまうのか。諦めてしまえば永久に一〇〇〇段目には達しないのです。

たとえ一〇段目の階段を上れるかどうか分からなくても、目の前の一段目を上ることに全力を尽くす。もしかすると、一〇段目にたどり着いても、やはりそれ以上は上れずに結局ゴールに到達できないかもしれない。

しかし、まずは目の前の一段目を上り、そして次に一〇段目に挑戦する。その繰り返しによって、やっと一〇〇〇段目にたどり着くのです。

僕が二〇一〇年、年頭に大阪都構想を打ち出してからは、茨《いばら》の道の連続でした。そこから二〇一五年五月の住民投票に至るまでの約五年半、振り返ってみると、いったい何段の階段を上ってきたのか分かりません。

二〇一〇年から、「大阪都構想なんて絶対に不可能だ」とずっと言われ続けてきました。口だけの大谷昭宏というコメンテーターなんて、僕が階段を上り、壁を突破するたびに、「もうここで終わり、次はない」なんて言っていました。「大阪都構想には法律の改正が必要だが、国会では大阪都構想なんて歯牙にもかけてない」と言い放ったのです。

僕は毎回、目の前の階段を上ることに全力を尽くしました。もっと上のほうの階段で万策尽きるかもしれない。しかし目の前の階段を上らないことには、ゴールには絶対にたどり着けない。

散々批判を受けた僕の二〇一四年三月の大阪市長出直し選挙。相手陣営は対立候補を出さず、投票率は二三％程度。税金の無駄だ、民意を得ていないなどと厳しく批判を受けました。しかしこの出直し市長選挙の公約に掲げた「法定協議会委員の入れ替え」という強硬策を、選挙で勝利したことをもって断行し、その後もいくつも壁を乗り越え、階段を上りながら、なんとか大阪都構想の設計図の完成にまで持ちこみました。

次は大阪府議会・大阪市議会での議決という階段を上らなければなりません。しかし、大阪維新の会は両議会において過半数議席を有していませんでした。ここで万策尽きたと思いきや、突如衆議院解散総選挙となり、それを最大限活用して公明党と折衝し（公明党候補者の選挙区には維新の会は候補者を立てないという取引）、最終的には府議会・市議会において公明党の協力をとりつけ、過半数の議決を得て、住民投票までたどり着いたのです。

当時、大阪府議会・大阪市議会において、大阪維新の会は過半数の議席を有していなかったことから、「どうせ最後は議会が絶対に否決するんだから、大阪都構想を進めてもすべては無駄になる。やらないほうがいい」と散々言われました。先を見越した諦めの判断ですね。確かにそういう判断もあるでしょう。出直し市長選挙も、その後の法定協議会による大阪都構想の設計図の作成プロセスも、膨大なエネルギーが必要です。どうせ最後に議会が否決するのなら、そんな無駄なことは止めようという空気が組織内にあったのも確かです。

しかし僕は、最後の府議会・市議会の議決がどうなるかは別として、まずは目の前の階段をとにかく上ることに集中し、政治家としての全エネルギーを注ぎ続けました。出直し市長選挙、法定協議会委員の入れ替え、とにかくあの手、この手を尽くしながら大阪都構想の設計図を完成させたのです。そうすると最後には衆議院解散総選挙の風が吹いて、住民投票までたどり着きました。どこかの時点で議会の議決はどうせ得られないだろうと諦めていたら、衆議院が解散されたとしても、住民投票まではたどり着けていなかったのです。

道を拓くには行動しかありません。目の前の階段を上り続けるしかないのです。リーダーがメンバーを率いるには、口先人間になってはダメです。リーダーは、目標の実現に向けて一心不乱にチャレンジする姿を示し、実践する必要があるのです。それが組織のメンバー（部下）の共感を呼び、メンバーがついてきてくれるようになるのです。

第4章

実行のための「ビジョン作り」と「チーム作り」

結果を出す「仕組み」はこう作る

ビジョンの作りかたは「逆張りの法則」

ここまで、何度かリーダー・トップの「大きな方針」ということに触れてきました。「大きな方針」はビジョンと言い換えてもいいでしょう。

リーダーになったとき、すでに自分のビジョンを持っている方もいらっしゃるかもしれません。しかし、僕の講演などでは、「では、自身のビジョンはどうやったら作れるのでしょう？」といった質問がよく飛んできます。

僕の持論の一つは、「逆張りの法則」です。

組織がうまく回っているときには、あえてリーダー・トップが新しい画期的なビジョンを打ち出す必要はありません。簡単に言えば、うまくいっているのであれば、それをそのまま進めていけばいいだけで、リーダー・トップが口を出していらんことをしないほうがいいのです。しかし今の時代、今までの方針をそのまま続けていけばいいという組織は少ないでしょう。衰退傾向が出ている組織のほうが多いのではないでしょうか。

そのときにこそ必要なものがリーダー・トップの方針・ビジョンであって、「逆張りの法則」が効いてくるのです。

僕が二〇〇八年に知事になったときに、大阪は経済的に低迷してうまくいっていませんでした。そこで、僕は「**現状が悪いのであれば、まずはこれまでの方針の全否定から入ろう**」と思いました。これが、冒頭で述べた「逆張りの法則」です。これまでと逆のことをやることが直ちに正しい正解になるとは限りませんが、今までがダメだったのなら、やってみる価値はあります。

逆張りというのは、組織にとって「一番嫌なこと」です。自分たちのやってきたことを否定されるのですから。当然、ＯＢの顔もちらつきます。ゆえに、逆張りの方針を打ち出せるのは、トップだけです。僕は、組織内で反発を受けるのを覚悟して、低迷する大阪を逆張りの方針で変えようと考えました。

それまでの大阪の方針は、大きく分けて二つありました。一つは大阪府域内での「産めよ増やせよ」というもの。府内の人口を増やす、府内の企業を増やすという方針です。もう一つの方針は、府内にある中小企業の技術力を守っていくというものです。大きくまとめるとこの二つに集約されます。

大阪は、高度成長時代から今に至るまで、「産めよ増やせよ」のやり方を続けてきて、高度成長期が終わりそれが行き詰まっても、誰も変えることができませんでした。そうして、大阪は徐々に衰退していったのです。

大阪府庁の職員たちはみな、「産めよ増やせよ」、「中小企業の技術保護」を二つの柱として一生懸命に行政をやってきましたので、それを否定することなどできません。逆張りにするということは、自分たちの間違いを認めることであり、OBが間違っていたと言うようなものです。当然のことですが、大阪の方針を決める担当部局は、僕の逆張り方針に猛反発してきました。

僕は、外部有識者の意見も聞きながら、職員たちと話し合いました。

「大阪がかつて良かったときは、二つの柱がうまく効いていた。しかし今、大阪はこんなに衰退している。東京に並ぼうと言いながら、全然並べない。これを何とかしなければいけない」

そのような議論を踏まえて、これまでとは逆の道を進んでいくことを受け入れてもらいました。正しい解になるかどうかは分からないけれども、とりあえずこれまでと真逆のことをやってみようという呼びかけです。

逆張りの方向性として出てきたのが、「中継都市」と「付加価値都市」です。

貿易で栄えてきた都市・国家は、みな人やモノを中継して発展してきました。ベネツィアも、オランダも、イギリスも、あるいはパナマも、近年ではシンガポールまで、人や企業を誘致するだけでなく、人やモノを通過させることで発展してきました。

産めよ増やせよで、大阪府の人口を増やしたり、域内に企業や工場を誘致したりしなくても、人、モノ、カネ、情報を通過させるだけで都市は発展できます。人、モノ、カネ、情報が通過するごとに、経済的な付加価値が生まれ、そこにまた人、モノ、カネ、情報が集まってきます。金融都市が発展するのも、同じ理屈です。

そのことを職員に話すと、「通過させるだけでいいんですか？」と驚いていました。僕の言い方は極端なところもありますが、**トップが示す大きな方針というものは、細々としたことを捨象して、組織を動かすための原動力になるものでなければなりません。**厳密に言えば、通過だけではダメで、もちろん人、モノ、カネ、情報が集まるための方策もとらなければなりません。しかし、これまでのやり方を大きく変えるという意味では、やはり「通過」がキーワードです。

日本の人口動態の推移を見る限り、今後人口を増やしていくことは困難です。維持すらも難しいでしょう。江戸時代の終わりまでは日本の人口は三三〇〇万人くらい。それから明治・大正・昭和の約一三〇年間で一億二八〇〇万人まで増えました。今後は、少子化が進み一億人も維持できない状況になっていくと予想されています。大阪府も人口を増やし続けることはまず無理です。人口が増えなくても発展する都市づくりを考えていく必要があります。

そのためには外国人観光客を大阪に集めるのです。観光客は自国へ戻るので、ある意味「通過」人口ですよね。関西国際空港を窓口に外国人観光客を受け入れて、日本を巡ってもらい、逆に西日本の日本人は関西国際空港から世界に飛び立ってもらう。

モノも同じです。関西、西日本のモノを大阪を通過させて世界に輸出する。世界からは、大阪を通過させて日本に輸入し、日本中に流通させる。まさに大阪を人、モノ、カネ、情報のハブにするのです。

また中小企業の技術力を守ることについても、単にこれまでのやり方で守るだけでは中小企業は発展しません。

現代社会では、付加価値が非常に重要です。付加価値をどう高めるかが勝負です。確かに金型技術に代表される、東大阪の中小企業の技術は重要です。しかし、今持っている技術を、今までの領域で同じように活用することでは付加価値は高まりません。その技術を、もっと付加価値が高まる別の分野で活用することを徹底的に模索すべきなのです。

たとえば、もともとはミクロの金属部品を作る技術が、痛くない注射針を作る技術に応用されたケース。基本的には同じ金型技術でありながら、医療の領域ではその付加価値を著しく高めました。これは墨田区での事例ですが、大阪でも今までの中小企業の部品製造の技術を、医療や航空産業など付加価値の高い分野に転換することで、これまで以上に価値を高めることは可能なはずです。さらに都市の産業の中心はサービス産業になっていくため、製造業だけでなくサービス業にも付加価値を高めてもらうことによって、大阪を発展させていこうと考えました。

付加価値を高めることは、賃金を増やすことにもつながります。労働分配とは、付加価値を分配することですから、賃金上昇も付加価値上昇という視点で目指します。それらをまとめて、これまでの大阪の方向性とは逆のもう一つの方向性として「付加価値都市」を打ち出しました。

大きな方向性さえ決まれば、大阪府庁の職員は優秀ですから、その方向性に沿って中身を整えていきました。「中継都市」「付加価値都市」の二つの方向性をもとに、府庁の政策企画部が中心となり各部局がフル稼働します。まず府庁全体で五つの柱を挙げ、その柱に沿って詳細な政策項目が積み上げられていきます。そしてそれらを実際に実現するためのプロセス・工程表も作られていきました。

僕が大きな二つの方向性を示したあとは、府庁組織がフル稼働して最終的に「大阪の成長戦略」というものがまとまりました。そして府庁の各部局は、この成長戦略に基づいてさらに政策を実行していきます。

今、大阪では二〇二五年の大阪万博開催が決定し、その前年の二〇二四年にはカジノを含む統合型リゾートを開業するよう、役所組織がフル稼働しています。鉄道インフラ・高速道路インフラ計画も大きく進み出し、中央リニアモーターカーの八年前倒しの大阪延伸も決定しました。「うめきた2期工事」などの大規模開発も進み、街は外国人観光客で溢れかえっています。また、国家戦略特区制度を活用して、高度な医療技術を提供する病院を中心に、医療産業が集積してきています。

このようなことを背景に、大阪の経済指標は軒並み上向き基調になっています。これらは、大阪の成長戦略を着実に実行していることの成果と考えられます。これまで衰退していた大阪が、再び日本を引っ張るエンジンになり始めました。

リーダーの役割は、チームの道標になり、チームが実際に動く際の原動力となる方針を作り上げること。一番まずいのは、方針を示さずに現場に丸投げしてしまうことです。丸投げされても、道標がなければ現場は何をやっていいか分かりません。

ただし、細かすぎる方針をリーダーが出すと、現場は身動きが取れなくなってしまいます。現場が幅を持って考えられるような方針でないと、うまくいきません。

そして単なるアイデアレベルのものではなく、実行するための具体的な工程表を伴ったものでなければなりません。

大阪府庁はのちに大阪市役所と合同で大阪の成長戦略を一本化しましたが、それはトップが「中継都市」「付加価値都市」という大きな方針を示し、それに沿って現場が具体的な事業設計、制度設計、工程表づくりをすることによって完成したものです。

日々のニュースに対して持論を持つことが、ビジョン作りにつながる

リーダーにとって方針・ビジョン作りは大事ですが、「こうすればリーダーとしてのビジョンを持てる」という一律のやり方はありません。それぞれが生きてきた道、人生経験によって、ビジョンの持ち方は違うと思います。

ここでは、僕のやってきたことを書きたいと思います。

僕は毎日、主要な新聞五紙などを読み、様々なニュースに対して、「自分はこう考える」という持論を頭の中で構築する作業をしています。特にニュースから課題を見つけて、それについては自分なりの解決策を考えます。すべてのニュースに対してできるわけではないですが、めぼしいニュースについては、必ず課題を探り、「自分の意見」を言えるようにしています。単にニュース知識を頭に入れて物知りになるのではなく、自分の意見を必ず付けて持論を言えるようにするのです。これを毎日、毎日、今でもやっています。

学者ではないですから、たとえば歴史問題を考えるときに、世界史の本を一巻から読むというようなことはしていません。知事・市長という立場も今の法律事務所代表という立場も、組織を運営する実務家ですから、現実の課題を解決しなければならない仕事です。抽象論ばかり頭の中でこねくり回していても仕方がありません。ゆえに現実のニュースから課題を見つけ出し、その解決策などの持論を組み立てる訓練をするためには、まずは新聞などから入っていきました。そして、**単にニュースに目を通すのではなく、そこから課題・論点を見つけ出すことが非常に重要**です。課題・論点を見つけることができなければ、記事を読んでそのまま現状を追認するだけになります。改革・変革を実行するのに最も重要なことは課題を見つけ出す力。誰もが気付かない課題を見つけることができて、初めてその解決策である改革案・変革案を考えることができるのです。

また知事・市長時代は、メディアから意見・見解を求められる可能性があることは、いつも想定していました。どんなニュースについても、自分の持論を言えるようにしておかないといけません。

「こういう事件がありました」「実はこの裏側にはこういう事実があるのです」と伝えるのは、アナウンサーや単純なコメンテーターの役割。新聞記事に書いてあることを読み上げるか、どこからか聞いてきた情報を伝えればいいだけ。それに対して、意見・見解を求められる人の役割は、そのニュースについての自分なりの意見を言うことです。自分の知識が足りないと的確なことは言えませんので、そのニュースをめぐって知識が足りないと思うときには、関連する本を読んで勉強します。

知識そのものは、今やインターネットですぐに引っ張ってくることができますので、記憶する必要はありません。ちなみに、僕が新聞記事の中で一番読む価値がないと感じるのは、事実や経緯をつらつらと書き、最後に持論が申し訳程度に付いている学者の論。しかも最後に付いているその持論とやらが、「これらは非常に複雑な問題だ」とか「今後の推移を注視していくべきだ」などと書いてあるやつ。本当にくだらない。

過去の事実や経緯はネットを見ればすぐに分かること。読者はその専門家がどう考えているか、課題についてどう解決していくべきなのかという持論を聞きたいわけです。専門家としての意見・見解・解決策を求められているのに、事実や経緯ばかり書いてあるものを読んでも何の意味もありません。僕は、そういう記事はすっ飛ばしていました。

僕は政治家を辞めた今、ニュースなどの時事ネタについて持論を展開することが仕事の一つになっています。テレビやインターネット、書籍を通じて持論を述べる機会を与えられていることは非常にありがたいことです。これには、日々新聞などを読んで持論を組み立てていることが役に立っています。毎日毎日そうした練習をしていると、どんな話題が出てきても、一定の持論を述べることができるようになります。

そして、このような能力が身についてくると、人が気づかない物事が見えるようになってきます。**部下が気づかない問題点は、こうした積み重ねの中で見つけられるようになりました。**

さらに持論を組み立てる積み重ねをしていくうちに、だんだんと自分の中に大きな方向性・ビジョンができてきます。一冊、二冊の本を読めばビジョンができるというものではありません。毎日、課題を探り出し、考え、持論を組み立て続けていくとビジョンらしきものができてきます。そういう意味で、自分なりのビジョンができるにはある程度の年月がかかると思います。

Ａ４一枚の方針でワシントンを変えた、トランプ大統領のビジョン

僕が感心したのは、巨大なアメリカ連邦政府組織に対するトランプ大統領の方針・ビジョンの出し方です。

トランプ政権は、二〇一七年末に税制改革法を成立させ、法人税率を三五％から二一％に引き下げました。その他の大胆な税制改革も実行しました。

安倍政権も法人税率を下げましたが、六～七％下げるのに四～五年かかっています。トランプ政権は、二〇一七年一月に発足して一年も経たないうちに一四％もの減税を実現させました。

その起点になったのは、トランプ大統領のＡ４一枚の指示書（大統領令）です。

トランプ大統領は選挙公約で法人税率を一五％に引き下げるとしており、大統領就任直後、その方針を改めて示しました。また、海外に移転した企業の利益に対して一回限り課税してアメリカに還流させるという方針や個人所得税についても大胆な減税方針を出しました。これらの要点をＡ４一枚の紙に書き、署名してムニューシン財務長官に渡しています。「経済成長と国内雇用創出のための税制改革２０１７」（2017 Tax Reform for Economic Growth and American Jobs）というタイトルで、アメリカの歴史上で最大級の個人減税、法人減税をすると書かれています。

そこには税制改革のゴールを明確にして、経済を成長させて数百万人の雇用を生み出すこと、税制の簡素化、中間層家庭の支援、世界で一番高いグループに入る法人税率を世界最低水準にするといったことなどが示されています。これがリーダー・トップの方針・ビジョンというものです。

それをもとにワシントンの財務省が税制大綱を作っていきました。この税制大綱が、後に述べる「実行プラン」というものです。大統領の指示は法人税率を一五％にまで引き下げるというものでしたが、内部で色々議論をした結果、二一％に落ち着いたようです。

二一％の税率になったとはいえ、これほどの大幅な法人税減税は、財務省の官僚レベルでは決めることはできません。大統領が大きな方針を示したことで、大減税が実現したのです。おそらく財務省の役人は「こんなことは絶対にできない」と思っていたでしょう。一時的に財政が苦しくなるのは間違いありませんから。でも、大統領から大きな方針が示されたことで、役人たちが動き出しました。

大統領の指示を受けて、官僚たちは分厚い大綱の原案を作りました。ムニューシン財務長官は、それをそのまま大統領に見せるのではなく、簡潔にまとめ直して大統領に説明しました。

ムニューシン長官の説明を聞いて、大統領がさらに意見を言って現場に返します。このように大統領と現場がキャッチボールをしながら、内容を揉んで揉んで、できあがったのが約一〇〇〇ページにわたる税制大綱です。あとは、議会との協力によって法案を可決し、ワシントンの政府組織がそれを実行に移してしていきました。

財務省に「自主的に大綱を作れ」と言っても、何の方針もなければ、このような大胆な税制改革案を作ることはできません。大統領が「法人税率を世界最低水準にする」「一五％に引き下げる」という具体的な方針を出しているからこそ実現したのです。

優れたビジョンは、簡潔で具体的

最初はＡ４のたった一枚の紙から始まっています。**優れたリーダー・トップの方針というものは、簡潔で具体的で、「それがあるからこそ組織が動くことができる」というものです。**

もし最初の指示で大統領が二〇枚くらいの紙に細かいことを書いてムニューシン長官に渡していたら、おそらく財務省の現場は手足を縛られてフリーズしてしまったでしょう。リーダーはそこまで現場のことを把握しているわけではありません。大統領がいくら指示しても、それが法令に反していたり、他の諸制度との整合性がとれていなかったりということは多々あります。制度案の中身の詰めは、やはり現場がやらなければなりませんので、現場が判断できる裁量を与えてあげなければなりません。

他方、日本の予算編成でよく出される「メリハリのある予算」「少子高齢化時代の課題に対応できる予算」「将来世代に負担を残さない予算」などという方針では、組織は大改革に踏み出せません。このような抽象的なスローガンは、ごく当然のことを言っているだけで、これまで組織が踏み出せなかった障壁について、それを乗り越えろ！　という指示ではないからです。小学校時代によく教室の前に掲げてあった「明るく、元気に、助け合いましょう」などという標語と同じです。

これだと結局、例年通りの予算を作らざるをえません。

そうではなく、リーダーの指示がなければ組織が踏み出すことができないその要点を、簡潔に指示するのです。

トランプ大統領は、国防・安全保障・関税に関する方針も、まずはＡ４一枚の紙に具体的かつ簡潔に、それがなければ組織が動くことができないという要点に絞って書き、政府組織に指示を出しています。そしてこれらについても、大統領は長官などの各閣僚を通じて政府組織の現場とキャッチボールしながら、最終的には分厚い戦略を完成させています。その戦略をもとにワシントンの巨大なアメリカ政府組織が、これまでの政府の常識的な動き方と異なることを実行している。つまりトランプ大統領の「Ａ４一枚の方針」が政府組織を動かしているのです。もちろんその動き方について、また政策の方向性については賛否両論あるでしょうが、トランプ大統領がワシントンの巨大な連邦政府組織を大胆に動かしていることは間違いありません。

中国製品に二五％の関税を課すことなどは、官僚の発想では絶対にできないことです。ワシントンのインテリ・エリートたちは、自由貿易に反する高率の関税によって、中国に対し貿易戦争を仕掛けることなど思いつくことすらできないでしょう。しかし、大統領が大きな方針を出して、官僚組織に実行するための戦略プランを作らせれば、実行できてしまうのです。

僕は大阪府庁一万人、大阪市役所三万八〇〇〇人の公務員組織を動かすだけでも大変でしたが、トランプ大統領は、ワシントンの巨大な官僚組織を動かして、これまでのアメリカの政治ではありえなかったような政策を実行しているのですから、すごいことだと思います。

「部外者」だから変えられることがある

トランプ大統領も僕も、役所にとっては外部の人間です。当選するまで政治や行政にはまったく携わってきていません。役人出身でもなく、政治経験もない。完全にアウトサイダーです。

そういう外部の人間の一番の役割は、今までのやり方を踏襲しないこと。今がうまくいっていないのであれば、今までを否定して変えていくことが役割です。

僕の存在やトランプ大統領の存在は、右肩上がりの調子のいい時代なら不必要です。右肩上がりのときには、今まで通りのことをやればだいたいうまくいきます。そういう時代には、組織の中での階段を上がってきた人のほうが、組織の論理、組織の文化、組織の慣行を知っていますから、いい仕事をするでしょう。

しかし、**今がうまくいっていないのなら、今までのやり方を否定せざるをえません。**これは組織にしがらみのない外部の人間だからこそできることです。そこに僕の役割があったと思いますし、トランプ大統領もその役割を求められているのでしょう。

トランプ大統領は、ワシントンすなわちアメリカの政治行政の既得権益をずっと批判していました。

アメリカの連邦政府の高官・幹部職員は政治任用です。公務員試験に受かった公務員が出世していくのではなく、大統領（ホワイトハウス）が人材を選んでいきます。ですから、共和党の政府職員、民主党の政府職員という色分けがはっきりとしており、大統領が交代するとワシントンの幹部職員の多くは入れ替わります。オバマ政権時代の民主党の政府職員の幹部は、共和党のトランプ政権になってクビになりました。その後どうするかというと、多くの人はロビー会社に就職して、ワシントンの中で様々な政治的調整をします。ロビー会社とは、依頼者の要望を実現するために政治家や役人に色々と働きかける会社です。日本でもこのような存在がたまに表に出てきますが、だいたい刑事事件として摘発されるか、不正を問題視されますよね。最近では医学部への不正入学問題で、文部科学省や政治家の間に入り込み、その力を誇示しながら大学上層部に食い込んでいったコンサル会社というものが摘発されました。他方、アメリカの連邦政府の幹部職員は政治行政的な広い人脈を持つため、それを活かしてロビー会社に入り、政治家や役人に働きかけることが認められていました。

トランプ大統領はこのワシントンにおける政治行政の仕組み・システムを問題視したのです。一部の者がアメリカの政治行政を牛耳っている、と。

トランプ大統領は、その既得権益をなくすために、政府職員を辞めたあとのロビー活動は禁止するということを選挙の公約に掲げていました。これは政府職員が政権交代によってクビになったあとの「天下り禁止」ということですから、ワシントンでのトランプ大統領の評判は非常に悪く、民主党はもちろん共和党の政府職員の中にも反トランプの職員がたくさんいます。政治行政の今の仕組みに既得権益を持つ人は、党を超えて全員トランプに反対します。

このようなワシントンの長年の慣行やがっちりと固まっている巨大なシステムを変えるこ

とは、アウトサイダー、外部の者にしかできないでしょう。内部の者は、みな、しがらみを有しますので、変革ができません。

オバマ大統領は、非常にインテリ受けする大統領です。世界を変えると言って「チェンジ」というフレーズを多用していました。しかし、ワシントンの政治の世界にどっぷりと浸かってきたこともあり、足元のワシントンの政治行政の仕組みを変えるとは言わなかった。そこに触れると、政治行政の実行部隊（役所組織）に一斉に反発を受けて、大統領といえども何もできないという事態に陥るからです。日本で言えば、公務員の労働組合を敵に回すのと同じようなことです。

トランプ大統領はアウトサイダーとして、そこに切り込んだ。ワシントンの中で生きているごく一部の者が政治行政を動かしている状況に我慢ならず、そこを変えなければならないという思いが強かったのでしょう。日本でも、永田町・霞が関という狭い世界で生きている政治家・官僚・政治部記者・企業や各種団体の政治担当者などが、ある意味日本の政治行政を牛耳っています。僕もそういう政治行政のシステムを変えたいという思いを強く持っていました。

しかし、政治行政のシステムそのものを敵に回すと強烈な抵抗を受け、戦いになります。

自分の部下である役所組織にも反対者がたくさん生まれるので、その役所組織を動かすには「力」だけでなく、「知恵と工夫」も必要になってきます。

トランプ大統領は、あそこまで連邦政府の政治行政システムを敵に回しながら、よく自分の考えを実行できているな、と感心します。これまで党を超えて連邦政府の方針となっていたことを次々と変えていこうとしています。**よほど組織を動かすための知恵と工夫がなければできない**ことでしょう。

大統領になる前のトランプ・インターナショナルという会社がどのくらいの組織で運営されていたのかよく知りませんが、事業家時代の組織運営で身につけたやり方を実行しているのではないかと思います。

僕が心底感心したトランプ政権のシンプルな方針

トランプ政権は六〇〇〇項目くらいの規制緩和をしました。ものすごい量の規制緩和ですが、彼が一つ一つ指示をしたわけではありません。規制緩和というのは本当に大変なんです。規制によって新しい業者の新規参入が困難となり、既存の業者の利益が守られるという構図があります。ゆえに規制を緩和するとなると、「既存の利益が脅かされる」と危惧《きぐ》する業者たちが一斉に反発します。また役所は安全や秩序を守るという理由からも規制をしているため、反発します。

だから規制緩和を実行しようと思えば、最後は最高権力者が出てきて、「ここはこうする」と決定していかなければ、組織内では議論が紛糾するだけで話が進みません。

日本においては加計学園問題がそうでした。五〇年以上も獣医学部の新設が拒まれていました。文部科学省が獣医学部の新設を規制し、獣医師の数を増やしたくない日本獣医師政治連盟やそれを応援する政治家がバックに付いています。

ここで加計学園が獣医学部を新設しようとして大騒動になったのです。新設を拒む抵抗勢力の勢いはすさまじく、規制緩和を実行する側は、最後は国家戦略特区制度を活用し、官僚が総理の威光もちらつかせ、総理をはじめとする最高権力者たちが後押しをして、やっと規制緩和が実現し、獣医学部の新設を果たすことができました。この間、数年がかかっています。その後、国会ではこの規制緩和が違法・不適切ではないかと取り上げられ、メディアも巻き込んで一年以上も大騒動となっています。これだけの莫大な政治エネルギーと時間を費やして、実行できたのは特定の地域に獣医学部を一つ新設するという一項目だけ。口で規制緩和と言うのは簡単ですが、実際にそれをやろうとすると大困難を伴うのです。

そんな規制緩和をトランプ大統領は六〇〇〇項目もやったという報道がありました。もちろん規制緩和の内容によっては簡単にできるものもあるでしょうが、それにしても六〇〇〇項目です。トランプ大統領は、自らが規制緩和の一つひとつに乗り出すのではなく、連邦政府組織をフルに動かす方法で、それを実行しました。自分が動くのではなく、組織を動かす手法です。

トランプ大統領が巨大組織に出した指示は、非常に明快です。

「一個の規制を作ったら、二つ規制を緩和しろ」

これを厳格にルール化しました。

知事、市長時代の僕は、こんなことは思いつきませんでした。規制緩和に関しては「スクラップ・アンド・ビルド」（何かを作るなら何かを整理せよ）という方針は出しましたが、今思えば、抽象的で明確ではありませんでした。組織が動く方針になっていなかったのです。トランプ大統領は明確な数字を出しました。そしてそのルールを守らせるために「守らない場合にはペナルティーがつくぞ」という脅しまでしっかりやっています。日本では「ルールを守らければペナルティーを科す」と言うと、「強権だ！　権力の濫用だ！」とすぐに批判されます。しかし巨大組織がルールを守っているかどうか、すべてを確認することなどできません。巨大組織を動かすためには、ルールを明確にし、守らない場合のペナルティーをしっかり科す、ということが必要不可欠です。僕もそこまでは徹底できていないところがありました。

僕が市長のときに、各区長に対して、特定の地域団体の具体的事務を区役所が肩代わりするこれまでの慣例は改めるよう方針を出しました。大阪市役所は各地域団体と密着しすぎているところがあり、特定の市長の選挙戦を各地域団体がサポートすることの見返りに、市長・市役所・区長・区役所は各地域団体に配慮するという仕組みが強固に出来上がっていました。そうした関係を改めるためです。ところが、最近になってその方針を守っていない区長・区役所があったことが報道されました。地域団体や地元の市議会・区議会議員に押されて、その区長・区役所は僕の方針に違反したのです。

そのことを考えると、トランプ大統領は、本当にすごい指示を出したものだと思います。日々世の中が動いていますので、何か問題が起きれば、そのたびに、政府は規制を作らなければなりません。連邦政府内のどこかの部署で、規制というのはどんどん生み出されるのです。そんな状況を知ってか知らずか、トランプ大統領は規制を一つ作ったら、二つ潰せと大号令をかけた。こうなると黙っていても、どんどん規制が緩和されていきます。もちろん組織がそのルールを守るということが前提ですが、そこはペナルティーが脅しになっているのでしょう。連邦政府が、世の中の状況に合わせて規制を作るたびに、倍の規制が減っていく。気づいたら六〇〇〇項目の規制緩和をしていたというわけです。

トップが言わなくても部下たちが自ら動くようなことには、トップが方針なんてわざわざ出さなくてもいい。**放っておいたら部下や組織が動かないようなことについて、部下や組織が具体的な行動を起こす原動力になるものが、トップの出すべき方針**というものです。放っておいたら役人は、規制緩和という面倒くさいことはやりません。だからこそ、規制緩和を組織を挙げてやるようなトップの方針が必要なのです。その点で、トランプ大統領の方針の出し方は見事だと思います。

ビジョンがあっても「実行プラン」がなければ、何も動かない

リーダーは大きな方針やビジョンを打ち出すことが大事ですが、それだけで物事が実現できるわけではありません。

役所でも企業でも、組織を動かして実行するには、実行プラン（工程表）が必要です。ところが、世のコンサルタントや学者の中には、実行プランのことはまったく考えず、「ビジョンだ」「戦略だ」と言っている人がたくさんいます。

コンサルタントが役所や企業に対して戦略を提言しても、ほとんど役に立たないのは、組織を動かすための実行プランや実行プロセスがまったく考えられていないためです。

第7章で詳しく述べますが、実行プランが考えられていなかったことから大混乱を招いたのが、イギリスのブレグジット、EU離脱ですね。実行プランもないまま国民投票にかけて離脱が決まってしまいました。その後に離脱に向けての実行プランを作り始めたら、問題点が噴出し、国会の議決が得られずに大混乱しています。それに対して、僕らの大阪都構想は、詳細な実行プランを作ってから住民投票にかけました。法律に基づく協議会で二年かけて大阪都構想の実行プラン（協定書）を完成し、最後に住民投票にかけたのです。法律に基づく協議会の前に検討していたものを含めると、約五年間、学者や役人で徹底的に実行プランを練り上げていました。ゆえにブレグジットと違い、住民投票で大阪都構想賛成多数となっていれば、すぐに実行できたのです。あらゆる問題点はすべて検討済みの状態にしてから住民投票にかけたのです。

学者やコンサルタントだけでなくメディアも、実行プランのことはまったく考えていません。それを実感したのは、東日本大震災の原発事故のときです。

僕は、原発事故後に、原発ゼロを目指すことを国政政党日本維新の会の公約の一つにしようとしました。

国内電力会社初の、商用原子力発電による電力供給が開始されたのは一九七〇年とされています。原発で発電した電気を大阪万博の会場に届けました。商用原発の稼働がこの年から本格的に始まりましたが、それと抱き合わせで、使用済み核燃料の最終処分場を決定することになっていました。

ところが、それから四八年が過ぎても、いまだに使用済み核燃料の最終処分場は決まっていません。それをどこにも造れない状態が続いています。

二〇一一年の原発事故時点では、商用原発の本格開始から四一年経っても最終処分場が決まっていない状態でした。僕は、四〇年かけても決めることが無理なら、今さらもう決まらないだろうと考えました。だから、原発は縮小していくしかないだろう、と。

再生可能エネルギーを増やして、エネルギーの分散化、地産地消化を進めれば、むしろ日本は強くなります。今の大規模発電、大規模送電のシステムは、どこか一カ所がやられてしまうと全体に影響が出る脆弱《ぜいじゃく》なシステムです。特に地震の多い日本では、震災後、再稼働するための点検等に時間を多く要し、たとえ原発に事故がなくても電力供給全体に大きな影響が生じます。ゆえに再生可能エネルギーを増やしていき、最終的には原発をゼロにするという考えで、原発ゼロを主張しました。

すると、朝日新聞や毎日新聞が「原発ゼロを早くやれ」と言い出しました。早くやれと言われても、ゼロにするまでの実行プランが必要です。そもそも国のエネルギー政策は大阪府知事、大阪市長の管轄ではありませんので、知事、市長では原発をゼロにすることなどできません。

原発をゼロにするには、政権を取って、官僚を動かして、実行プラン（工程表）を作らせるプロセスが必要です。大阪都構想の進め方と同じです。そのことを言っても、朝日新聞や毎日新聞は「今すぐゼロにしろ」としか言わない。彼らは、実行プロセスなど考えていないのです。

僕はそのときに商用原発フェードアウト論を唱えました。これまでは緩《ゆる》い安全基準だったために事故を防げなかった。だから、原発を推進する経済産業省などから独立した原発規制庁を設置し、安全基準や基準適合性の審査を非常に厳しくすれば、商用原発は自ずと淘汰されていって最終的にゼロになっていくだろう、と。それに代わるエネルギーを今から考えて、大胆に広げていかなければならない。それが再生可能エネルギーであり、さらに僕は小型原発というものも可能性があるのではないかと考え、現在勉強中です。

これが商用原発フェードアウト論です。実行プロセスを考えればフェードアウト論しかありません。現実に、今の商用原発の状況はフェードアウト論に沿ったものになっています。

当時フェードアウト論を主張すると、原発反対派、即時ゼロ派たちが、「橋下は最初は原発反対みたいなことを言っていたのに、寝返りやがって」と批判をしてきました。

ある時期、住民投票運動が盛り上がって、様々な自治体で原発の賛否を問う住民投票が行なわれる動きが生じました。大阪市でも住民投票実施を要求する住民署名の数が確保されて、住民は市長に対して住民投票の実施を請求してきました。住民投票をやるかやらないかは、最終的に市長が判断できます。

署名が集まると普通は住民投票をしますが、僕は蹴りました。「住民投票で原発ノーとなったら、どうするの？　そのあとの実行プランは？」というのが僕の考えでした。住民がノーと決めても、その後大阪市長の権限で商用原発を止めることなどできませんし、仮に市長の働きかけで原発を止めることができたとしても、いつ止めるのか、止めた場合の代わりのエネルギーはどうするのか、それらへの移行はどのように進めるのかなどの実行プランが何もない中で住民投票などできるわけありません。

まさにイギリスのＥＵ離脱の国民投票と同じ状況になるだけです。最近では沖縄の米軍普天間飛行場の辺野古移設の是非を問う県民投票もそうです。

実行プランを作らずに、単にイエス・ノーを問うことほど無責任なことはありません。朝日・毎日新聞的インテリたちは、とにかく「住民投票をやって住民の意思を示すことが大事だ！」と強調しますが、それはイギリスのＥＵ離脱の国民投票のように大混乱をもたらすか、ないしは実行プランがないことで意思表示がなされても何も実行されず放置され、住民の失望を招くだけです。

ですから、僕は住民投票を蹴ったのです。朝日新聞や毎日新聞、そしてその類のインテリたちは、怒り狂って「住民の意思をムダにするのか」と批判してきました。しかし彼ら彼女らは、口で言えばいいだけの人たち。ゆえに実行するためには実行プランが必要だということを認識できていないのでしょう。

「ビジョン作り」と「チーム作り」は、ソフトとハードのワンセット

大きな方針・ビジョンを示して、実行プランを作る。ここまでやってもまだ物事を実行することはできません。

実行プランができたというのは、ソフトウェアができたということ。それを動かすハードウェアがなければ動きません。

たとえば、コンピュータのソフトを動かして事務処理をするためには、ソフトと同時にコンピュータというハードが必要です。ソフトとハードはワンセットです。

そしてソフトをバージョンアップすると、ハードもスペックを強化しないとソフトが動かなくなることがあります。それと同じで、実行プランがバージョンアップされて複雑精緻になればなるほど、それを実行するためのハードをどう作っていくかということが重要になってきます。そしてここでのハードとは、まさに「組織」のことです。

企業がコンサルタントを入れて提案書を出させてもうまくいかないのは、彼ら彼女らのレポートには、ハード、つまり組織体制の部分が抜け落ちているからです。目指すべき方向性

や戦略は書いてあるのかもしれませんが、それを実行するための組織はどうあるべきかについての考察が抜けていることが多いのです。つまり戦略を実行できる組織になっていないので、実行できない。コンサルタント一人ひとりは戦略を作るプロかもしれませんが、トップとして大きな組織を動かした経験がないため、組織上の問題点になかなか気づかないからでしょう。

リーダーは、コンサルタントと違って組織を動かして物事を実行しなければいけません。リーダーの役割は、ビジョンを示すとともに、それを実行するための組織体制を作ることです。**ビジョンと組織体制作りはワンセット**です。

僕は、ビジョンを実行するための組織体制作りに、特に力を入れました。

たとえば、ＩＲ（統合型リゾート）、いわゆるカジノの誘致。このビジョンを実行するためには、誘致のための体制を作る必要があります。

カジノ誘致の基本的なコンセプトは、世界中から人・モノ・カネを呼び込んで、大阪と関西の持続的な経済成長のエンジンにすることです。世界最高水準の成長型ＩＲを目指すことが大きな方針です。「この方針に沿って、やってください」と副知事・副市長以下に指示するだけでは、何も動きません。実行のための体制作りが必要です。

ＩＲ建設自体は民間事業者がやるにしても、その土地基盤整備は行政がやらなければなりません。ゆえに市役所の建設部局だけでなく、財源を確保する財政部局も関わる必要があります。また経済成長のエンジンとなることを目指していますので、経済部局にも関与してもらわなければなりません。交通インフラ整備のために交通部局の関与も必要です。カジノは、警察にも関わってもらわなければなりません。市民の反対も予想されますから、市民と対話する市民部局も必要です。

さらに、大阪市役所と大阪府庁の協議が必要です。土地は大阪市内の大阪市役所所管のものであっても、ＩＲは大阪全体に関わること。市と府の関連する部局から人を出してもらって、体制を作らないと物事は進んでいきません。ビジョン・実行プランを実行するチーム作りが成功しなければ、ビジョンは絵に描いた餅で終わります。

チーム作りにおける「失敗の本質」

チーム作りで失敗している例はたくさんあります。典型的な失敗例は、プロジェクト・チームと称して、各部局から人を出してもらい、チームを作って「はい終わり」というもの。

これでは、何も動きません。

人を集めたら、その中で決定権者・権限者を決めておかねばなりません。そうしないと、チームのメンバーがそれぞれ自らの出身部局の立場からの意見を言い合って、結局話がまとまらずに終わってしまうというパターンに陥ります。

「意見がまとまらなかったときは、最後はこの人の決定に従う」ということを決めておくことが必要不可欠です。ある人間に権限を与え、チーム内での上下関係を構築するのがリーダーの重要な仕事の一つです。特に、同等の立場の者が集まったチームでは、チーム内で「自主的に」指揮命令系統や上下関係を構築することは非常に困難です。

改革プロジェクト・チームと称して、各部門から人を集めて、権限も指揮命令系統も何も決めず、みんな横並び。そんなチームはまったくダメな、「実行できない」チームです。こういうチームから出てくるのは「コピーの裏紙を大切に使いましょう」というような、誰もが反対しないが、しょぼい改革案になります。大胆な改革とは、強烈な反対の声が上がるもの。ゆえに議論が紛糾するのは当然で、だからこそ決定権者をしっかり定めておかなければなりません。

具体的な例を挙げるとすれば、今、国会議員がやっている「国会改革」チーム。

小泉進次郎衆議院議員主導でチーム・グループができて、与野党議員の結構な人数が集まりましたが、ほとんど成果が上がっていません。小泉さんは改革をしたかったようですが、小泉さんがチーム・グループ内において強い権限を持っているわけではありませんでした。

結局、出てきた国会改革案は、党首討論の定例化・夜間開催、衆議院のIT化・ペーパーレス化（タブレット端末の導入）、衆議院の女性議員の妊娠・出産時における代理投票の三つだけ。ある意味、大切なことではあるでしょう。とはいえ、改革というよりも「改善」レベルである印象は否めません。これで「国会改革」案と称しているわけです。

国民から圧倒的に人気の高い小泉さんであっても、チームの中で決定権を持っていない以上は何もできません。特に妬みやっかみが多い国会議員の世界ですから、小泉さんだけにイイ格好をさせたくないというチーム・グループ内の負のエネルギーが渦巻いているのでしょう。

こういう**強い決定権者が存在しないチームを作っても、物事は大胆に動きません**。実行するためには、決定権者を決め、ナンバー2、ナンバー3ぐらいまではチーム・グループリーダーの方針に基本的に賛同する人間で固めておくことが必要です。

このような指揮命令系統や上下の関係は、チーム内で自主的に構築することは困難であり、チームの上位に立つリーダーが作り上げるものです。

では、特に上下の関係を嫌い、横並び意識が強い国会議員の世界にあって小泉さんはどうしたらよかったのか。それは権限を持っている上位者に働きかけて自分に権限を与えてもらうよう努めるか、チーム内での人間関係や政治力を積んで自分に権限を持たせることです。これがまさに政治というものです。自分が権限を持ったチーム・グループを作らなければ、ビジョンや自分の思いは実行できません。

プロジェクト・チームの決定を実行する仕組みを作る

さらに、プロジェクト・チーム内の決定権者を決めておくだけでは、まだ足りません。プロジェクト・チームで話し合って、決定権者の力でもって良い実行プランがまとまったとしましょう。

その次の段階に進んで、「じゃあ、これをどのように実行するの？」という段階で行き詰まることはよくあります。実行プランが決まっても、実行部隊や実行する仕組みがなければ、実行されません。

プロジェクト・チームを作るときに、本当に多いのは、実行部隊のことが考えられていない、というケースです。

各部局から人を集めて、プロジェクト・チームを作ること自体は簡単です。大事なのは、そこで決まったことを実行させる仕組みを作ること。それには、手足となる実行部隊を決めておかなければなりません。ここで間違ってはならないのは、プロジェクト・チームにさらに実行部隊を加えるというチーム作りをやってはいけないということです。そんなことをやればプロジェクト・チームの組織はどんどん肥大化しますし、既にある部局とバッティングすることが多く、指揮命令系統が大混乱するからです。

意思決定と執行（実行）は別物です。プロジェクト・チームは大胆な実行プランを決めるところまでが任務であって、決まったことを実行するのはプロジェクト・チームではなく既存の部局です。ゆえにプロジェクト・チームと既存の部局との指揮命令系統を整備し、**プロジェクト・チームの決定がしっかりと実行される組織内の仕組みを作っておかなければなりません。**

これもリーダーの重要な仕事の一つであり、リーダーにしかできない仕事です。リーダーはここまで目配りしなければ、結局、ビジョンは実行できないのです。

失敗例としては、旧民主党政権時代の「事業仕分け」があります。民主党は予算の無駄を省き一六・八兆円の財源を捻出し、それを国民へ還元するという大胆なビジョン・公約を掲げ、政権交代を果たしました。このビジョン・公約は民主党の国会議員と外部有識者によって作られたようです。しかし結果として一兆円弱の財源しか捻出できず、結局、民主党政権は掲げた公約をことごとく撤回せざるを得なくなったのです。

そもそもこのビジョン・公約作りのやり方が失敗でした。それは、本書でこれまで解説してきたことと真逆のやり方をしていたからです。適切なチームによるビジョン・公約作りではありませんでしたし、そもそもリーダー・トップが掲げる方針・ビジョンと、それを実行するための実行プランの区別も不明確でした。

この頃は、「マニフェスト」という言葉が流行りましたが、メディアもインテリたちも、本書で言う「実行プラン」の作成を政治家に求めたのです。つまり具体的なものを求めすぎました。このような「実行プラン」は現場を知っているチームにしか作ることはできません。ワシントンの連邦政府がトランプ大統領の指示に基づいて実行プランを作るように、日本においても、政治行政の実行プランは官僚組織にしか作ることはできないでしょう。官僚抜きに、政治家や学者などの外部有識者が集まるだけでは実行プランを作ることは無理なのです。

メディアやインテリたちには、「方針・ビジョン」と「実行プラン」の違いをしっかりと勉強して欲しいものです。政治家が出すべき公約は、国家のリーダー・トップとしての方針・ビジョンであって、実行プランではありません。政治家が出すべき公約とは、前述したトランプ大統領が出した方針のようなものであることを肝に銘じるべきでしょう。

そのことは横においたとしても、民主党政権の一六・八兆円の財源を捻出するという方針・ビジョンを実行するために、行政刷新会議による事業仕分けチームといういわゆるプロジェクト・チームが設置されました。

この「事業仕分け」は一世を風靡《ふうび》しましたが、ほとんど実効性はありませんでした。有名なのは、蓮舫《れんほう》さんがスーパーコンピュータに関して「二位じゃダメなんでしょうか」と発言した一件などです。蓮舫さんは、文科省予算の仕分けを担当し、スーパーコンピュータの予算の削減を決定しました。

なぜ、事業仕分けは失敗したのか。まずチームのメンバーやその構成の仕方が失敗です。中央官庁の予算の詳細は、法令との整合性、他の諸制度との整合性をきっちりと吟味した非常にテクニカルなもので、政治家がそのすべての知識を持っているわけではありません。

これは外部の有識者と言われる学者や専門家も同じで、学者や専門家と政治行政の現場にいる官僚との間に人材の流動性がない今の日本において、中央官庁の予算の詳細について官僚とガチンコで議論できる学者などは皆無でしょう。

ですから、官僚の言い分には官僚に対抗させるべきなのです。

民主党の事業仕分けでは、事業仕分けを担当する民主党の国会議員や外部の有識者が、予算の削減を狙う財務省主計局が作ったペーパーを基に、予算を要求する各省各事業部局の官僚たちと論戦していました。そんなことをするくらいなら、財務省主計局の官僚と各省各事業部局の官僚とをガチンコで戦わせ、国会議員と外部の有識者は裁判官のようにその議論をじっと聞いて、最後は心証を使って判断・決定すべきでした。こうすることで予算を削減された各省各事業部局の納得度は高まります。このやり方は第2章で詳説した通りです。

さらに問題は、事業仕分けチームが予算削減を決定しても、それが日本政府の最終決定にならなかったことです。事業仕分けで廃止と決定された事業のほとんどは、財務省による予算編成のときにひっくり返され、復活してきました。

各省庁の事業担当者は、予算編成の段階で巻き返しを図ってきたのです。「事業仕分けでは廃止と言われたけれど、これは絶対に必要な予算です」と財務省側に説明し、課長折衝や局長折衝、大臣折衝などをやって、予算が復活したものが多かったのです。

事業仕分けを効果的に実行するためには、行政刷新会議による事業仕分けの決定は、財務大臣決定と同じだという位置づけにし、その決定を実行する部隊として財務省主計局を位置付けなければならなかったのです。事業仕分けによって蓮舫さんが廃止と決め、それが行政刷新会議の決定になったのであれば、それは財務大臣が廃止と決めたのと同じ扱いにし、その限りにおいて行政刷新会議と財務省主計局の間に上下の関係、指揮命令系統を構築すべきでした。

これができるのは、行政刷新会議担当大臣や財務大臣の上位に立つ、内閣総理大臣すなわちトップだけです。行政刷新会議や財務省に任せていても、お互いに主導権を主張して収拾がつきません。ゆえに、民主党政権のトップである鳩山由紀夫総理が、行政刷新会議による事業仕分けの決定を実行できる仕組みをしっかりと作っておくべきだったのです。

方針・ビジョンを実行しようと思えば、ここまで精緻に組織体制作りをしなければなりません。単に方針・ビジョンというソフトを練り上げるだけではダメですし、プロジェクト・チームを編成するだけでも組織体制として不十分なのです。

第5章

上司を動かし、提案を通す

「トップの視界」を想像しながら仕事をする

トップは「比較優位」で考えている

多くの人が頭を悩ませるのは「上司が自分の提案を聞いてくれない」ということでしょう。新しいことにチャレンジしたくても、なかなか提案が通らない、自分の考えが理解されない――。もちろん上司の資質もあるかもしれませんが、**自分の提案を通したいなら、まずは相手の思考回路を知る**ことです。そのことによって適切な対策を講じることができます。

本章では「トップはどのような思考回路で部下の提案を判断しているか」についてお話ししたいと思います。

僕は、常々部下である職員に「**案を出すときには、三つ出して欲しい**」と言っていました。最善と考える案、その対極の案、中間のマイルドな案の三つです。

一つの案を持ってきて、メリット、デメリットを説明されても、その優位性が分かりません。一案でなく、その対極にある案、中間の案の三案を用意して、それぞれのメリット・デメリットを比較して説明してくれれば、判断しやすくなります。

僕が案を検討するときに重視したのは、「比較優位」という考え方です。

Ａ案、Ｂ案、Ｃ案を比較して、Ｂ案が比較優位であるならば、Ｂ案のデメリットには目をつぶる、という考え方です。簡単に言えば、一番ましな案を選ぶということです。トップは難しい案件ばかり抱えていますす。比較優位の思考回路を持っていないと、デメリットばかりに目がいってしまって、何も決断できなくなります。

ここで少し、この「**比較優位の思考**」について、詳しく述べましょう。僕は、この思考回路は、実行できるリーダーになるために、非常に重要なものであると考えています。

新しいことや改革を実行しようとするときに、問題点ばかりを挙げる人がいます。もちろん、どんな案にも問題点はたくさんあるでしょう。

しかし、現状に問題点がないかというと、それは違います。現状に大きな問題点があるから、変えていこうとしているわけです。現状と新しいことの両者を比較して「よりましなほうを選ぶ」「よりましなほうの問題点には目をつぶる」という思考が大事です。日本の議論には、こうした「比較優位」の思考が足りないと痛切に感じます。

その最たるものは、築地市場の豊洲移転問題です。

メディアでは、豊洲に市場を移転した場合の様々な問題点が指摘されました。確かに豊洲に問題点はあるのでしょう。

しかし、元の築地市場にも、当時山のように問題点があったはずです。だからこそ、豊洲移転案が出てきたわけです。豊洲移転問題の報道では、現状の築地市場と新しい豊洲を比較して「どちらがよりましなのか」と比較検討する思考が決定的に足りなかったと思います。一〇〇％完璧な選択肢など通常はありません。だからこそ、よりましなほうを選ぶというう思考が重要なのです。

豊洲の地下水からベンゼンが出たということでメディアは大騒ぎ。「豊洲は危ない」という論一色でした。

僕はツイッターで「築地の地下水だって問題があるんじゃないの？」と書きました。豊洲の問題点だけが取り上げられていたからです。

豊洲の地下水は、汲み上げて飲料水にするためのものではありません。法律上の安全基準は満たさなければなりませんが、それは飲料水の基準ではなく、下水の基準で十分なわけです。豊洲は飲料水の基準は満たしていませんが、下水の基準は満たしています。

小池知事は「安心はお金にかえられない」と言っていましたが、では、その「安心」の基準をどこに置くのか。法律上の安全基準以上の完璧さを求め出したらキリがありません。豊洲の地下水を一〇〇％きれいな水にして、豊洲の空気も一〇〇％きれいな空気にして……というような議論が始まってしまったために、あれだけの大混乱に陥りました。本来は、法律上の安全基準を満たしていれば、多少の不純物が混じっていても問題ないのです。

さらに豊洲の地下水に不純物ゼロの完璧さを求めるなら、築地の地下水は不純物ゼロなのか。その点はまったく議論されませんでした。

豊洲の地下水だけが問題視され、築地の地下水は問題視されない。「豊洲は通路が狭い」と、豊洲の使い勝手の悪さが報道される一方で、築地の使い勝手の悪さは報道されない。**こういうことをしているから、比較優位の判断ができない**のです。

メディアは豊洲の地下水のわずかなベンゼンで大騒ぎするのではなくて、築地と比較して豊洲はどうなのか、という伝え方をきちんとすべきでした。少々のベンゼンが出ようが、使い勝手が悪かろうが、法律上の安全基準を満たしていて「築地より、豊洲のほうがまし」であれば、豊洲の色々なデメリットには目をつぶるという思考が必要です。そうでなければ、新しいことなど始められません。

僕らが、大阪湾岸部の広大な埋め立て地へカジノを誘致する案を出したときにも、反対派はカジノの問題点ばかりを指摘しました。確かにカジノに問題点は山ほどあります。そんなことは分かっています。

ですが、現状の大阪湾岸部の広大な埋め立て地も問題点だらけです。約五六〇〇億円をかけて造成した広大な埋め立て地には、現在ぺんぺん草が生えています。もともとこの地は、大阪の未来都市を造る予定だったのが失敗。その後、二〇〇八年大阪オリンピックを誘致しようとしましたが、それも失敗しました。二〇〇八年のオリンピックは北京に持って行かれました。

オリンピック誘致失敗後は、放ったらかしです。役所は固定資産税を払う必要がありませんから、有効活用など考えていません。関西国際空港の航路上にあるため、上空から丸見え。外国の人から「大阪って、なんちゅうスラム街だ」と思われるような状態になっています。

現状のぺんぺん草状態とカジノ誘致という新しい案を比較して、この地を今のまま放っておくよりも、カジノを造ったほうが比較優位である、よりましだと考えて、僕らはカジノ誘致案を出しました。カジノにはギャンブル依存症を生む危険性など色々な問題がありますが、莫大な数の観光客の集客や雇用増などの経済効果、そして周辺地域へのその波及効果、さらにはカジノ事業者からの数百億円にも上る大阪府市への納付金という大きなメリットがあります。現状のぺんぺん草が生えている状況より、カジノ誘致のほうがよりましなのは明らかです。優位なカジノ誘致案を選んだら、その案の問題点には、ある程度目をつぶりながら、問題が起きないよう対応していくしかありません。

一つの案のメリットばかり強調するのも、デメリットばかり強調するのも、より良い選択にはつながりません。両案のメリット・デメリットをそれぞれ挙げて、比較優位なほう、よりましなほうを選ぶという思考が必要です。

「比較優位」で考えられないと、「ダメ出し人間」で終わってしまう

僕が大阪都構想を提案したときも、メディアや学者は、都構想の問題点ばかりを指摘しました。もちろん、都構想には問題点はたくさんあります。

けれども、現状の大阪府・大阪市の体制にも、問題点は山ほどあるわけです。現状と都構想の**両者のメリット・デメリットを比較して、比較優位で「よりまし」なほうを選ばないと、最善の選択はできません。**トップが現状から抜け出す最善の選択をすることができず、結局そのまま衰退していくというのがよくあるパターンです。

二〇一五年五月、大阪都構想の住民投票をすることになり、僕はテレビの討論会にも呼ば

れました。

しかし、メディアには比較優位の思考はまったくありませんでした。どの番組でも、「都構想　YES　or　NO」の形の討論会が開かれました。

反対派の人は、都構想の問題点を挙げるだけでいいのですから、実に簡単です。僕のほうは、問題点を散々指摘されて、それに反論することで時間が終わってしまいます。都構想がなぜ必要なのか、現状はどこに問題点があるのかを伝える時間がまったくありません。圧倒的に不利です。

僕は、討論の前に都構想がなぜ必要かを説明する時間が欲しいと申し入れました。しかし、「発言時間は平等にしなければいけませんから」と断られました。

NHKの場合は、一発言は一分間という厳格なルールを設けられました。反対派は一分間に都構想の問題点を山ほど言ってきます。それに対して僕は反論するだけで一分が経ってしまいました。これを繰り返すわけです。

テレビを観ている人からすると、「橋下が必死に防戦しているけど都構想は問題点が多いな」という心証になります。

僕が現状の大阪府・大阪市体制の問題点を指摘して、それに対して相手が反論するという時間があれば、視聴者のみなさんは、現状と都構想のメリット・デメリットを比較して検討することができたのですが、テレビ制作者側にその思考はありませんでした。

番組では学者やコメンテーターが、非常に細かい行政システムについて、「都構想のここが問題」「あそこが問題」と指摘しました。

しかし、都構想の行政上の細かい問題を指摘したそのような学者やコメンテーターたちが、現状の大阪府・大阪市の行政の仕組みについて、細かく問題点を議論しているのかというと、まったくしていません。現状の不十分さには何も触れずに、新しい都構想の案だけを一〇〇％完璧な案にせよ、という姿勢でした。まさに築地の問題点にはまったく触れず、豊洲に不純物なしの完璧さを求める思考と同じです。

結果的に、大阪都構想の住民投票は、約一万票差、〇・八％の差で都構想反対、否決となりました。

日本の教育では、比較優位の思考が教えられていないため、新しい案、一つの案の問題点だけをあげつらい、批判するという、偏った議論があちこちで見られます。複数の案がはっきりと示されていれば、比較優位の思考をしやすいのですが、問題は新しい案が一つだけ出されたときです。

確かに案は一つであっても、それは現状に対する案なのですから、新しい案についてのみ問題点を検証するのではなく、あくまでも現状との対比で、どちらのほうが優位か、どちらのほうがよりましか、という判断をすべきなのです。よくメリット・デメリットを比較せよ、と言われますが、それは一案についてのメリット・デメリットを比較するのではなく、新しい案と現状、ないしは複数案のメリット・デメリットを比較し、優位なほう、よりましなほうを選択すべきなのです。

このような比較優位の思考ができないと、新しいことについて問題点ばかりを指摘する評論家やコメンテーターに陥ってしまいます。それでは、現状を乗り越えるべく組織を引っ張るリーダーとして失格です。

「理屈では負けているが、やりたい」というときはどうするか

僕は組織が嫌がる改革案を次々と打ち出していきました。組織は嫌がっているわけですから、無理強いしても動きません。

組織も感情的に嫌がっているわけではなく、それなりの理屈があって反発していることがほとんどです。僕と組織のお互いに、それぞれの言い分があるわけです。

このように**嫌がる組織を動かすときに、一番大切なのは、「ロジック」「理屈」です。**僕の案のほうが「論理的に正しい」ということを組織が分かってくれたら、「それはそうですね」となり、組織は動きます。もともと理屈で僕の指示を拒否していたわけですから、理屈で納得させれば組織が動くのは当然です。

しかし現実には、当初、僕の案の理屈が組織の主張する理屈に負けている場合もありました。そういうときは、僕の理屈と組織の理屈がフィフティ・フィフティになることを目指して僕の案の理屈を練りました。

組織と徹底的に議論しながら、何となく「僕の理屈と組織の理屈はフィフティ・フィフティになったよね」という感じになったときに、「みなさんの理屈はよく分かりました。僕の案もみなさんの案もどちらも、理屈では似たり寄ったりです。あとは、トップである僕の判断に任せてください」と言うと、組織も収まってくれます。

この「何となくフィフティ・フィフティ」という感じは、激しい議論を何度となく経験しないと分からない感覚だと思います。裁判でいうところの、「判決を下す機が熟した」という感覚ですね。

一番難しかったのは、どう考えても、僕の案より部下の言っていることのほうが理屈に適っているときです。自分が負けていることは分かっているけれども、それでも僕の思いで「これをやりたい」という政策もありました。

そういうときには、理屈で負けていることを素直に認めたうえで部下に「お願い」しました。

「理屈ではみなさんの言っていることのほうが理に適っていると思います。だけど、これは、選挙に出たときからの僕の思いとして、どうしてもやりたいと思っていることなので、何とかお願いします」と伝えたのです。このようなお願いで、すべて組織が納得してくれたわけではありませんが、「しょうがないですね。それは知事（市長）に任せます」という感じで僕の案を実行してくれたことも多かったのです。

こちらが理屈で負けているのに、感情的になって「いいから、やれ！」「上司の言うことを聞け！」と怒鳴っても組織は動きません。

たとえば、大阪市の天王寺区長が打ち出した政策の一件です。

僕は市長時代に、市役所に役所の価値観とは異なる外部の価値観を入れ込むために、幹部・区長の外部人材公募制を実施しました。

そこに放送局勤務の若いエネルギッシュな人材が応募してくれ、高い倍率を勝ち抜き、天王寺区長に採用となりました。さらに僕は、各区長が各区の実情に合わせて独自に予算を作ることができる仕組みを拡充・強化しました。

そうした流れの中で、新たな天王寺区長は天王寺区の独自予算として、子育て世帯に現金給付的なクーポンを配る政策を打ち出そうとしました。

しかしこの天王寺区長の考えは、大阪市役所内部で猛反対を受けました。

大阪市というのは二四区が一つになっての大阪市ですから、天王寺区だけ特別な現金給付的なクーポンを配るのは「市民の公平性を害する」というのが市役所の幹部職員の理屈です。まったくその通りです。僕は「フェア」を市政の軸の一つに掲げていたわけですから、理屈では負けていました。

東京都の二三区のように天王寺区が独立した自治体であれば天王寺区が自由にやってもい

いのですが、大阪市の区はあくまでも大阪市役所の内部組織の一つです。大阪市の天王寺区である限り、天王寺区の区民だけが、他の区の区民より多くの現金的給付を受け取ることは、確かに公平性を著しく害します。

しかし、区の独自性を認めていくには、ある意味で不公平を容認せざるを得ません。区の独自性というのは、同時に区ごとの不公平が生まれることを意味します。

これについては、幹部職員たちと会議で徹底的に議論をしました。すると、区の独自性と、区の公平性、どちらか一方が完全に理屈が通っているという話ではないことがだんだんと分かってきたのです。

そこで最終的に僕の考えを幹部たちに伝えました。

「公平性を著しく害するというみなさんの理屈は、その通りでよく分かります。しかし、各区の独自性をもっと際立たせたいという強い思いを市長選挙の公約に掲げた経緯もあるので、天王寺区長の独自政策をやらせてもらいたい」。職員たちは、「公平性を害してはいけないという理屈を分かってもらったうえで、なおそれでも市長がされるというのであれば、結構です」と、天王寺区の子育て世帯向け現金給付的クーポン政策を受け入れてくれました。

ここで職員たちの意見を押さえつけて、「大阪市長がやれと言っているんだから、やれ！」

と言っても、結果的にはうまく進まなかったと思います。現場には現場の理屈があり、しかも筋の通った理屈ですから、無理強いしても動きません。

リーダーは、自分で決めて、指示を出すことはできます。しかし、**現場が納得してくれなければ、いくら指示を出しても物事は円滑に動きません**。少しでも組織に納得してもらえるように理屈を練り上げ、責任の所在をはっきりさせ、最後は自分の「思い」を伝えるべきです。

上の人と話すときは、「一つ上の枠組みの目線」を意識せよ

大阪の自治体の力だけでは、実行できないことも多々ありました。大阪万博誘致はその一つです。

僕と松井さんが、安倍総理、菅官房長官に会って、「東京オリンピックが終わったあとには、大阪万博が必要ではないですか」という話をしたときのことです。

松井さんは「一九六四年のオリンピックと一九七〇年の大阪万博は一つのセットになっていて、両者が日本の高度成長を推し進めたのだと思います。二十一世紀の新しい日本をさら

に成長・成熟させていくためには、二〇二〇年東京オリンピックと大阪万博がセットになっていたほうがいいのではないですか」と力説しました。

安倍さんと菅さんは、国のトップとナンバー2ですから、大阪の利益や、大阪域内のちまちまとした話をしても聞いてもらえるはずがありません。安倍さんと菅さんが考えているのは、日本の将来のことです。ですから、僕らも日本の将来について太く熱く話をしました。

日本の将来のために大阪万博の開催が必要だと感じてもらえたのでしょう。安倍さんが菅さんに「年明けに具体的な話を松井さんから聞いておいて」といった話になり、そこから一気に大阪万博の話が動き始めました。

また、東京と大阪を結ぶリニア中央新幹線は、まず二〇二七年に東京と名古屋を結ぶ予定です。大阪まで延びるのは、そこから一八年後の二〇四五年の予定でした。しかし、大阪への延伸にそんなに時間がかかってしまっては、大阪の経済的ダメージは計り知れません。そこで大阪はもとより関西の政治行政にとって、リニアをいかに早く大阪に延ばしてくるかということが大きなテーマでした。松井さんや僕はこの点も、安倍さん菅さんと話をしました。

その際、僕らが大阪の利益ばかりを強調してお願いしても、安倍さんも菅さんもそれほど熱心に話を聞いてくれなかったと思います。

東京と名古屋と大阪をわずか六〇分ほどで結んで、この三都市をまとめる。そうすると人口約六五〇〇万人の超巨大都市圏が誕生し、日本経済の強力なエンジンとなり、日本の競争力を高めます。このようなスーパー・メガ・リージョン構想の話になれば、日本のトップとナンバー２の安倍さんと菅さんも俄然、力が入ります。

そのような話から、安倍さんは「リニアの大阪延伸を早めることは、日本にとって絶対に必要だ」と言ってくださいました。その後、ＪＲ東海に対して財政投融資から三兆円を低利子で貸し付け、ＪＲ東海の財政負担を軽減することによって、大阪延伸が八年前倒しになりました。

安倍さんたちは、もちろん僕らの話だけで万博誘致、リニア大阪延伸前倒しを決めたわけではないでしょう。ただ、霞が関の政府高官や自民党の幹部たちの中で「何が国のためになるのか」という議論をされていたことは確かです。それを前提に僕らのほうも、**大阪の利益のことだけではなく、日本の利益の視点で万博・リニアの話をしました**。そこがうまく合わさり、良い結果が生まれたのだと思います。

「通る提案」は、「比較優位のロジック」と「熱い思い」の合わせ技

トップのところには、毎日数十件の案が上がってきます。それらの膨大な数の案を聞いていると、本当に大阪のためを思って言っているのか、それとも自分の出世や保身のために言っているのかが、だいたい分かるようになってきます。部長の案であろうが、次長の案であろうが、「この人、自分の立場のために言っているな」とか「どこかの業界団体に言われて、言っているんじゃないかな」ということは、何となく分かります。

僕は、「本当に大阪のことを考えている」と感じられる部下の話は徹底的に聞くと決めていました。

とは言っても、「これは大阪を変えるんです」「日本を変えるんです」と、ひたすら熱い話ばかりされても、困ります。具体的な論理に基づく現実的な実行プランがなければ、学生の夢物語のようになってしまいます。そんなときには「まず案をもっと固めてください」と言うしかありません。

逆に、理屈や論理一辺倒の比較優位論ばかりでも、「心」は動かされません。つまり、**理屈としての比較優位論と感情としての熱い思いの両者が必要**です。

企業の場合でも、会社の将来や、社会にどう役に立っていくのか、さらに言えば、どう地域を変え、どう日本を変えていくのかということを熱く語りながら、その一方で、比較優位の論理できちんと説得していくという、二つの合わせ技が必要です。これが上司を動かす秘訣なのです。

トップは「全体最適」を考えている。「部分最適」案は採用されない

僕が部下からの話を聞いていて「これはちょっと採用できないな」と思うのは、「部分最適」の案です。案を出している部長は、最適の案だと思って出してくるのですが、自分の部署・部門・領域にとっての最適の案にすぎないということがよくありました。つまり部分最適です。

僕は役所全体を見渡さなければならない立場です。知事・市長が見ている視界を理解できていない案は、採用しませんでした。

組織の中にいると、自分の部署とその周辺くらいしか視界に入らなくなってきます。よく言われるセクショナリズムです。たとえば、福祉部の職員は、自分の担当所管である福祉の立場で物事を考えて知事にあげてきます。福祉部としては最適の案かもしれませんが、知事

は二〇以上の部局をまたいだところで仕事をしているわけですから、そのような全体を見る視点で、「全体最適」になるような案を求めます。

この「部分最適と全体最適」という話で言えば、安倍政権は国家安全保障会議というものを作りました。外務省の人たちは外務省の立場で物事を考えて外交をやってしまいがちですが、そこに防衛大臣・防衛省が入って防衛の視点を取り入れ、財務大臣・財務省が入って財政の視点を取り入れる。そうすると外交・防衛・財務を含め、全体最適になる外交・安全保障を考えることができます。総理はこのような全体最適の視点で、物事を考え判断します。

上司やトップに案をあげるときには、相手の視界を想像してみることです。自分の部署の視界にとらわれていないか、相手の目線に立てているかをよく考えて案を出さないと、採用してもらえません。

ポジションによって見えている風景はまったく違う

僕は大阪府知事と大阪市長の両方をやりましたが、非常にいい経験をさせてもらったと思っています。

知事の視界と、市長の視界は大きく異なりました。知事のときには、大阪市だけでなく、枚方《ひらかた》市、箕面《みのお》市、岸和田市、泉南市など大阪市の周辺市町村のことも視界に入れて仕事をしていました。ところが、大阪市長になると、どうしても大阪市内のことだけが視界に入るようになりました。同じ人間なのに、ポジション・立場が変わると視界が変わるのです。

知事のときには、大阪市営地下鉄と周辺の鉄道をネットワークさせて、大阪全体の発展につながる鉄道ネットワークはどう構築すればいいのかということばかり考えていました。ところが大阪市長になると、大阪市内の交通ネットワークをどう整備するかということが、大きな関心になってきます。そこを無理矢理大阪全体の視点を強く持つように心掛けていました。

物事の見え方というのは、どうしても属している組織や役職に規定されてしまいます。その組織や役職が持っている権限の範囲でしか、物事が見えなくなってしまうのです。自分の権限以外のことは知らん顔となってしまうのが普通ですから、これはある意味仕方がないことなのかもしれません。

ですから同じ組織の中にいても、平職員（社員）と課長と部長は、見えている風景がまったく違います。**見えている風景の違いを意識せずに、上司に案をあげても「それは、君の視**

点でそういうふうに考えているだけじゃないの?」と思われてしまいます。

僕は、府庁の職員に対して「何々部の部長、何々課の課長であっても、知事の視点に立って案を出してくれないとダメですよ」と常に言っていました。

しかし、このようにトップの視界を持つことが大事とはいっても、トップの経験がない部長や課長はどうしたらいいのか。

これはもう、想像力を働かせるしかないと思います。

仕事というのは、いかに想像力を働かせられるかが、出来不出来を決めます。「上司はどう見ているだろう」「トップはどう見ているだろう」「お客さんはどう見ているだろう」という想像力のない人は、いい仕事ができるようにはなりません。

仕事の段取りも、先が読めるかどうかという想像力の問題です。先手先手を打てる人は、常に物事の進み方を想像して、あらかじめ段取りを組んで、対応していきます。想像力が働かない人は、後手後手になってしまいます。「これが足りない、あれが足りない」と右往左往し、場当たり的な対応をせざるをえなくなります。

後手に回ると、上司から「あれはどうなった?」と聞かれてしまいます。上司から仕事の進捗を聞かれた時点で、それはアウト。上司がもうそろそろ気になるだろうな、ということを想像して、事前に報告を入れなければなりません。

大阪府庁も大阪市役所も、優秀な職員たちが熾烈な出世競争をしていますから、僕のほうから「あれ、どうなりました？」と聞くことは滅多にありませんでした。彼らは、僕から言われないように先手を打って、適宜報告を入れてきます。しかし、たびたび報告をされると今度はこちらが面倒になります。このバランスも想像力を働かせるしかないですね。

一つの仕事がこの先どう進むかという想像力は仕事の段取りには不可欠です。上司に提案をするときにも、上司の視界を想像して物事を考えられるかどうかは、提案が採用されるかどうかを左右します。

ある意味では上司に対する「忖度《そんたく》」です。

忖度には、悪い忖度と良い忖度があります。悪い忖度は、自分の出世や保身のために、上司に気に入られようとしてする忖度。あるいは組織を害するような忖度です。上司の意向を忖度して違法なことをするのは最悪です。

しかし自分の利益のためではなく、組織全体の利益を考えて、上司の思考を想像するのは、良い忖度です。組織全体の利益のために組織のトップの立場に立って考えられる人は、非常に良い忖度のできる人と言えるでしょう。

トップの意向や動きを想像するのは「良い忖度」

僕は、大阪府知事時代にこんな経験をしました。

インドネシアに出張したときのことです。立食形式のレセプション中に、トイレに行って、「大」の用を足したんです。それでトイレットペーパーを取ろうと思ったら、「……ない!」。バケツに入った水とひしゃくが置いてありました。当時のインドネシアのトイレはバケツの水でお尻を洗う方式でした。でも、どうやって使っていいのか分かりません。バケツの中の水がきれいな水なのか、使用後の水なのかも分かりません。「困ったな」と思っていると、外から声が聞こえました。「知事、上からトイレットペーパーを入れますから」と。随行秘書の声でした。

府庁職員の随行秘書は、レセプションのときに僕がトイレに行くのを見ていたのでしょう。僕がトイレからなかなか出てこないことで、トイレットペーパーに困っていることを察知し、投げ入れてくれました。

まず、この随行秘書は僕がレセプションの途中にトイレに行くことを事前に想像したわけです。「大」の用を足すことも想像した。そして僕がどこのトイレに行くか分からないので、周辺のトイレをすべて確認したのでしょう。そうするとトイレットペーパーがないことが分かった。そこで随行秘書はホテルのフロントにお願いしたのか、スタッフにお願いしたのか、とにかくトイレットペーパーを事前に用意したわけです。

あらゆることを想定して事前に準備をしていたのですね。

そこまで準備をしていても、僕がトイレに行かなければ、この準備は無駄になります。

起こりうるあらゆることを想像すると、準備の数は一万にも、二万にもなるかもしれません。たまたまそのうちの一個が活きるかどうかという程度で、一万の準備をしてもすべてがムダになることもあります。おそらく九九％の準備はムダになるはずです。

それでも、たまたま一個、その準備が活きれば、大きな効果があります。僕のトイレの件はまさにそうで、僕は「すごいな。よくここまで準備してくれていたな」と感心しました。

さらに、こういう準備をしているということは、仕事をするうえであらゆる準備をしている人なんだと感じました。この随行秘書は、僕に対してだけでなく、いつも想像力を最大限に働かせて準備をする人だったのだと思います。僕は、そのことを幹部に話しました。僕が知事を辞めたあとに、その随行秘書は主要ポストに栄転していました。

想像力を働かせることのできる人は、仕事がうまくいきます。そして、誰からも認められます。ただし、ムダになることになる努力を惜しまずにできるかどうかです。

ムダになるかもしれない準備を完璧にしておく。織田信長が豊臣秀吉を評価したのも、そういうところだったのではないでしょうか。

他部門・他業界の情報を集め、「トップの視界」に近づく

先ほど、視界というのは、自分の所属する組織や役職に規定されると述べました。福祉の部局にいれば、福祉の視界、教育の部局にいれば、教育の視界。営業部にいれば営業の視界になりますし、経理部にいれば経理の視界になります。

視界が限定されてしまうのは能力の問題ではありませんし、セクショナリズムに陥るのも能力の問題ではありません。属している組織の問題、置かれている立場の問題、もっと明確に言えば、その人の持っている権限の問題です。**人は自分の権限の範囲でしか物事を見ない**

のが普通です。「組織や役職、今の自分の立場によって視界が狭くなるのは仕方がない。だからこそ、視界を広げていこう」と考えることが大切だと思います。

視界を広げるための具体的な方法があるとすれば、他部署・他部門や他業界の人に話を聞くことでしょう。他部署・他部門・他業界の人にヒアリングをすれば、自分の部署・部門や業界以外の見方を知ることができ、視界が広がります。

大阪府の場合は、二〇以上の部局があり、知事の視界は二〇部局をまたいだ視界です。ですから府庁職員たちは、二〇以上の部局の人たちに話を聞いて、ようやく知事の視界に近づくことができますが、現実的には、二〇以上の部局の人たちにすべて話を聞くことは無理です。

そのくらい、トップの視界に近づくことは難しいものです。その点をよく理解して、想像力を働かせていくしかないと思います。

上司・トップに見せる書類は、最大でＡ３一枚まで

コンサルタントの大前研一さんは、「小泉純一郎総理はＡ４で二枚までの資料しか読まない」と言って、小泉さんがいかにも頭が悪いかのように言っていました。彼はコンサルタン

トとして、一つの課題についてたっぷりの時間を与えられて、何百ページもの資料を作ることが仕事です。

しかし、総理や知事の立場は違います。総理や知事が一案件について目を通せるのは、A4一～二枚、A3一枚が限界です。それくらい同時進行で抱えている案件が多いのです。大前さんはそこを分かっていないのです。

僕が大阪府知事になったときに、大阪の進むべき方向性は、大阪府総合計画というものにまとめられていました。これが何ページあるか。二〇〇ページ以上はありました。一から全部を読むのは大変です。それを指摘したら、職員が二〇～三〇ページの資料に圧縮して持ってきました。

僕は知事就任後、当時の石原慎太郎東京都知事に挨拶をしに都庁に行きました。そのときに色々話している中で、「とにかく資料が多くて」という話をしたら、石原さんは「部下が何枚もの資料を持ってきたから、くしゃくしゃにして投げてやった」と言っていました。本当かどうかはわかりませんが、その気持ちはよく分かりました。

石原さんからは、こんなアドバイスを受けました。「大変だぞ、巨大組織は。連日、二〇も三〇もお伺いを立てられるんだ。とにかく紙が多いから気をつけないとダメだ。紙が多いと最後は言いくるめられるから、俺は、A4一枚かA3一枚でやるんだ」と。

石原さんは、A3一枚、表裏、それを限度にして、それ以上のものは受け付けないということを原則としていたそうです。もちろんこれはあくまでも原則で、実際はそれよりも多い資料で説明を受けていたこともあるでしょう。

部下は一生懸命に説明したいと思って、何十ページもの資料を作って持ってきますが、「こっちの立場にもなってよ」と言いたくなります。

彼ら彼女らにとっては何年間もかけて取り組んでいる重要案件であることは分かります。しかし、こちらは、それと同等の重要案件を一〇〇件も二〇〇件も同時に抱えています。一案件について資料を読める量と時間には限界があります。

小泉さんは、日本の総理でしたから、都道府県知事よりも、はるかに多くの重要案件を抱えていたはずです。A4二枚までしか読まないのは当然です。大前さんは、コンサルタントとして「せっかくこんなに時間をかけて作ったのに」という気持ちでしょうが、総理という立場を想像すれば、分厚い資料なんて読めないことは分かるはずです。大前さんは、まったく巨大組織のトップの視界に立てていないわけです。

僕は、石原さんのアドバイスを受けて、職員には「資料はA3一枚にまとめて欲しい」と言いました。最初は、みんな戸惑っていました。今までは一〇枚以上の資料を作っていたのに、一枚にまとめなければなりません。頭を悩ませていました。でも、できる人は一枚にきちんとまとめてきました。ダメな人は、どうしても一〇枚、二〇枚。

もちろん、これもあくまでも原則であって、実際に必要な場合には複数枚の資料になりますが、それでも職員は、「まとめよう」という努力をするようになりました。

上司やトップの立場を想像できる人なら、分厚い資料は作りません。Ａ４かＡ３一枚で分かるような資料を作って、上にあげます。

評価を上げる提案と下げる提案の大きな違い

大阪市長のときにも、決裁で三〇〇ページくらいの書類があがってきたことがあります。さすがの僕も、このときは「これを一ページ目から読めというんですか？　そんなの無理です」と注意しました。「どこを僕に見て欲しいのか、示して欲しい！」と。

その書類は、下水道の処理施設の工事請負契約で約六〇〇億円の金額を決裁するものでした。設計図まで付いていましたが、市長が設計図なんて見せられてもしょうがない。この書類には二〇人くらいの電子決裁の電子署名がありました。つまり、二〇人ほどがチェックをしている形になっているわけです。

現場の担当者が、一年も二年もかけてこの仕事に取り組んでいることはよく分かります。しかし、現場がやらなければいけない仕事と、上の人間がやらなければいけない仕事は違います。役割分担というものがあります。

現場の係長の職員が三〇〇ページの書類を作って課長の決裁をとるときに、課長が見なければいけない範囲はどこなのか、どの部分を決裁してもらいたいのかを明確にしておく必要があります。課長が部長に決裁をとるときには、部長に見てもらいたい範囲、判断してもらいたい部分はどこかを明確にしておく。

それぞれの役職に応じて、判断するべき範囲が異なり、役割が分かれています。各役職者が自分の担当する範囲の判断をして、一個一個クリアしていき、決裁書類が市長にあがったときには、「市長はこの部分だけを判断してください」という状態になっていなければなりません。逆に言えば、現場がやるべき細かいところまで市長が見て、チェックすることなど不可能です。細かいことは下のほうできちんと処理すべきものです。

ところが、三〇〇ページの書類がそのままトップまであがってきたのです。じゃあ、副市長、部長は三〇〇ページすべてを読んだのか。聞いてみると誰も読んでいませんでした。三〇〇ページの書類すべてに目を通していたのは、決裁した二〇人のうち最初の三人くらい。あとの人は誰も読んでいないわけです。

さらに、この案件では、僕が契約書一ページ目の契約金額が間違っていることを見つけました。「二〇人見ていて、誰も契約金額の間違いを指摘できなかったの？　いったい何を決裁していたの？」と言いたくなるくらい、誰も見ていないのです。これではまったく決裁の意味がありません。

巨大組織の場合、この決裁というものが形骸化していることが多いのです。とにかく上司のハンコだけもらえばいい。だから上司も、どこをチェックし、判断しなければならないのか分からないままハンコを押すことになってしまうのです。

築地市場の豊洲移転で大騒ぎになった東京都庁。「豊洲の地下に空洞があった！　盛り土がなかった！」と大騒ぎになり、この点を担当幹部らが知らなかったということが大きく問題視されました。これは、どの役職の者が、どの点をチェックし決裁するかのルールが定まっていなかったからです。

このような決裁ルールは、本来組織的に決めて整備するものです。しかし、きちんとした決裁ルールがあってもなくても、**部下は常に上司の視界を想像して、上司にここを見てもらうべきだ、ここを見て欲しいということを示して案を上げるべき**です。結果的に、それが自分の提案を通すことにつながり、自らの評価を上げることになります。

トップは、「比較優位」がパッと分かる資料が欲しい

職員が僕のところに持ってきた書類で、一番ムダだと思ったのは、口頭で説明できることが書いてある書類です。

経緯や背景事情についての説明文や解説文などは、わざわざ書類に書く必要はありません。それらは口頭で簡潔に説明してくれれば十分です。

さらに、メリット・デメリットを示す方法には、定量評価と定性評価というものがあります。定量評価、つまり数字で表すことのできるメリット・デメリットなら、数字が一番いい案ないしは数字が一番悪くない案を選べばいいだけです。ただ、多くは、定性評価、つまり数字で表すことのできないメリット・デメリットで判断しなければならない案件がほとんどです。

定性評価で見て、「この観点ならA案が比較優位」、「この観点ならB案が比較優位」とい

うことがきちんと整理してある資料は、いい資料です。

ただし「先に結論ありき」の資料はダメな資料です。担当者の気持ちが強すぎるのか、自分の案こそが何が何でも絶対に優位だと言わんばかりの資料は、上司からすぐに見透かされてしまいます。

そのためにも、まず自分の考える案と、その真逆の案、そして両者の中間の案の三つを意図的に比較し、中立公平な視点で、比較優位はどれかを思考する姿勢が必要です。その比較においては定量評価と定性評価をしっかりと行なう。

そうすると場合によっては、当初自分の考えていた案とは異なる案のほうが比較優位だと気づく場合があります。それでいいのです。自分の頭を整理し、当初の案を変更して最善の案を作っていくためにも、**比較優位がパッと分かる資料作り**は重要なのです。

トップや上司は一日に何十件もの案件を判断しなければならないほど忙しいですから、「どんな観点・視点では、どれがいいのか」というロジックと比較優位がパッと分かる資料が欲しいのです。部下からすれば、そうしたものが、「自分の提案を通しやすい資料」と言えるでしょう。

第6章

情報を制する者は、組織を制す

強い組織は、情報共有の横串がしっかり入っている

全員に「一斉メール」で情報を伝え、考えを浸透させる

僕のやった組織マネジメントの中で、特徴的なものはメールの活用です。業務の指示だけでなく、ニュースを読んだときの僕の意見や感想もメールに書いて送りました。「**（幹部宛て）一斉メール**」と呼ばれていましたが、大阪府庁の幹部全員に送っていました。副知事はもちろんですが、部長級全員に送りましたので、一五名ほど、あるいはそれ以上だったと思います。

初めてメールで指示を出したときは、「うわっ、知事からメールが来た」と、幹部がみんな知事室に集まってきました（笑）。メールの内容の確認をしに来たので、「これじゃあ、メールの意味がないじゃないか」と思いました。

従来の大阪府知事は、お殿様みたいな存在で、知事が指示を出すときには、必ず幹部のほうから知事室に直接指示を受けに来るのが普通でした。直接面談絶対主義です。

僕は知事になって驚いたことが、その他にもたくさんありました。知事は成立した条例や、その他の文書などに署名をするのですが、署名しようとしたらペンが見つかりませんでした。すると、前室から秘書がパッと知事室まで走ってきて、筆ペンのキャップをとって、

僕に「どうぞ」と差し出しました。

僕は、「ペンくらい自分でとれますから、来なくていいですよ」と伝えました。さらに、電話をかけようと思って、相手先の番号を前室に向けて聞いたら、また秘書が走って知事室に入ってきて、電話番号を押して受話器をとって「はい、どうぞ」と（笑）。

就任当時は、僕の世話役の秘書係が前室に六人くらいいましたかね。彼ら彼女らがやっていた仕事は、僕が自分でもできることだったので、最終的に前室は秘書長と随行秘書の二名にしました。

少し話はそれましたが、前述したように大阪府庁の幹部はみな、知事をお殿様のように考えていました。幹部がわざわざ知事室まで来て、お殿様の指示を仰ぐわけです。幹部に来てもらってフェイス・トゥ・フェイスでしか指示を出せないようでは、不効率きわまりないですから、僕はメールを活用することにしたのです。

幹部に送ったメールは、部下たちへの転送、また転送で、組織の中に広く伝わっていきました。

ある仕事についてその担当部局の幹部に指示を出すときにも、他の部局の全幹部をＣＣに入れて一斉メールで知らせました。**僕がどんな指示を出すのか、指示を受ける幹部以外にも**

知ってもらうためです。

僕は外部から役所に入ってきた人間ですから、僕の考えや思考方法は、役所組織の人たちからすると、よく分からないものだったと思います。一人ひとりと話をして自分の考え方や思考方法を伝えていくやり方もありますが、話す機会がない人には伝わりません。そのため、メールを活用してみんなに伝えました。

ニュースについての僕の持論をメールに書いて伝えたのも、僕の思考方法を知ってもらうためです。「こういう新聞記事が出ていたが、こう思う」とか「このニュースについて、こういう意見が出ているが、違うのではないか」といったことを書きました。

メールが転送されて、僕の指示の出し方、考え、思考方法が組織に浸透していきます。そうすると、現場の職員や幹部までが、「この案件なら、知事はこう考えるだろう」「知事からこういう指示が出るだろう」「こういうことをすると、知事からこれを言われるだろう」と予測するようになります。ある意味、組織に進んで忖度してもらうようにするのです。

余談になりますが、政治の世界では森友・加計学園問題を契機に、霞が関の官庁は、安倍総理に忖度しているのではないか、ということが問題になりました。そして野党は、忖度はすべて悪いものだという視点で批判・追及を徹底的に行ないました。

そのように批判・追及する国会議員は、組織運営というものがまったく分かっていないのでしょう。巨大な組織になればなるほど、トップの意向を組織が忖度する必要性が高まります。忖度がまったくなければ、トップはありとあらゆる事項について指示を出さなければならなくなります。そんなことでは組織は回りません。トップの意向を忖度しながら、組織が自発的に動いていく。これが組織運営の原則です。もちろん、反対意見もきっちり出る環境を整えておかなければなりませんが。

このように、僕の言っていることが正しいということを示すためではなく、**僕の考え方、思考方法を組織に知ってもらうために一斉メールを活用した**のです。

日中は会議や行事出席に追われていましたので、夜中の空いた時間にほぼ毎日送る、ということを習慣にしていました。

一部の人に政治力を握らせないための、メールの活用法

僕は、原則としてすべての情報をオープンにしていましたので、記者たちは、僕の書いたメールを入手して記事にしていたくらいです。

一般企業でも、リーダー職にある人は、自分の方針や考え方、思考方法を部下やメンバー

に浸透させるために、メールや社内チャットなどを活用するといいと思います。一斉メールを使えば、自分の考え方を部下たちにより知ってもらえますし、情報共有もしやすくなります。

僕が一斉メールでみんなに情報を流したもう一つの理由は、特定の人物の情報の独占が変な形で力の源泉になってしまう状態を変えたかったからです。

組織にいると、「この情報は私だけが持っている」ということが大きな力になります。政治の世界はその最たるもので、大した情報ではなくても、いち早く情報を握っていると、偉そうにできます。

僕が特定の誰かにだけ自分の考え方や方針などを伝えたとしましょう。その彼ないし彼女が、僕の考えを他の人に正しく伝えてくれるのならまだいいのですが、自分の意見を通すために「これが知事の意向だ」と勝手に言うこともできてしまいます。実際に知事からどんな指示が出たのかを周囲は通常知ることができません。ゆえに、「この人には知事からの情報が集まっているんだな」と周囲が感じることが、その人が組織内で力を持つポイントになります。組織の中で政治力を持とうとする者はそれにやっきになり、自分こそが知事に近いんだ、自分こそが知事から情報を得ているんだということを周囲に示そうとします。

たとえば知事室に自分だけが入り、扉を閉め切って密談している様子を周囲に見せます。また会議のあとに周囲の者を知事室から出して、自分と知事だけの密談の形を周囲に見せます。これらは常套《じょうとう》手段。その他、たまたま知事から聞いた情報をすぐに周囲に知らせて、自分が第一次的に知事から情報をもらう者だと周囲に示すこともありますね。

こういうことによって、ある特定の者が変な政治力を持ってしまうと、知事からの指示が本当にあるかどうかにかかわらず、周囲は、その人の言うことを聞かざるをえなくなります。

ですから、特定の人が「知事の意向」というものを使って変な組織内政治力を発揮できないように、僕は幹部全員に、ひいては転送を通じて組織メンバーの全員に、メールで情報を流して共有する形にしたのです。

そもそも「情報を知っていること」と「業務遂行能力」は別物です。業務能力以外の**おかしな政治力を行使できないようにするには、巨大組織であればあるほど情報をフラット化することが必要**でした。

大阪府庁では知事の方針、考え、思考方法という情報がオープンになっていますから、**誰**

か特定の人が「知事の意向」を歪めて伝えることはできなくなりました。こうして組織内政治力を使った不透明な組織運営が生じないようにしたのです。この方法は、大阪市長に就任した後に大阪市役所のマネジメントにも利用しました。

メールで現場の情報を吸い上げ、活用する

とはいえ、一斉メールの活用は、時として組織が知事である僕の意向を過度に忖度するようになるという弊害も生みかねません。ゆえに前述したように、反対の意見も出る環境を整えなければバランスを崩します。

そこで**僕は、メールを使って情報収集もしていました。**

全職員が、知事や市長である僕のところに直接メールを送ることができるようにしたのです。システムはもともとあったのですが、職員は「知事（市長）に直接メールを送るなんて、ありえないこと」と思っていたため、これまで知事や市長にコンタクトを取る人は実際にはいませんでした。

僕は、全職員にメールで「何かあったら僕に直接連絡してください」と伝え、ウェルカムの姿勢を示していましたので、徐々に職員から直接メールが来るようになりました。細かい

ことでもどんどん送ってもらいました。

たとえば、「目に障害のある職員が職場の環境改善を求めるための協議の場が不十分だと思う」というメールが来たときには、即座に人事室に「事実なら、すぐに協議のやり方を変えるように」と指示を出しました。

実は、幹部職や中間管理職は、この仕組みを嫌がっていました。自分をすっ飛ばして、直接僕のところに現場の意見が届くためです。

幹部が「知事、これは、こうなっています」と言ってきたときに、僕が「これは、本当はこうなんじゃないですか？」と、かなり**詳しい現場情報をもとに幹部と議論できたのは、現場の職員からメールで色々な情報をもらっていたから**です。僕が詳細な現場情報を持っているので、幹部たちは驚いていました。幹部は、そういう現場の状況をごまかすことも、言い訳をすることもできなくなりました。幹部や中間管理職は、「下手なことはできない」という意識を持ったと思います。組織に緊張感が生まれました。

告発めいたものに関しては、公益通報の仕組みのように「匿名性は必ず守るから、直接メールを出して欲しい」と伝えていました。そうしたメールも多く受け取りました。それらをすべて鵜呑《うの》みにするわけにもいきませんので、知事直轄のチームで調査にあたりました。調査結果は僕から直接その職員に伝えました。

その他、僕に対しての意見も結構来ました。僕の考えや方針は、現場から見るとおかしいと感じられるものも結構あったようです。こういうメールにも、僕は直接応えていました。このようにして、組織全体が僕に対して、不適切に過度な忖度をしないように工夫をしたつもりです。また、自分たちの思いをいつでも組織のトップに伝えることができるというのは職員の安心感にもつながっていたのではないでしょうか。

改革の提案も来ました。「改革をしたい」という職員は、じつはかなり多く、メールで直接やりとりをして幹部にも伝えました。

そういうメールのやりとりの中で、改革に非常に熱心な職員がいました。医師の資格を持っている職員で、改革に燃えていました。その人からの「生《なま》」の情報をもとに進んだ改革もあります。

後日談ですが、僕が知事を辞めて大阪市長選に立候補する決断をしたときに、この職員は、府庁職員を辞めて大阪維新の会から大阪市議会議員に立候補してくれ、見事当選しました。

幹部たちからの通常の業務報告に加え、このような職員からの直接メールなど、一日に優に五〇件を超えるメールを受け取っていました。携帯パソコンを持ちながら移動中の時間に対応したり、夜中に対応したりと、なかなか大変でしたが、組織マネジメントをする上でかなり役に立ったと感じています。

情報が共有されないことのリスクを痛感させられた、ある事件

さらに、僕は情報を現場から吸い上げるだけではなく、重要な情報は組織全体で共有することも強く意識していました。

一つ、例を挙げましょう。

第1章でも少し触れましたが、僕が知事になったときに、大阪府の財政には非常に大きな問題がありました。

大阪府などの地方自治体は借金（地方債）の返済のために、減債基金というものを積み立てています。地方債は借りたお金について、二〇年後ないし三〇年後に一括返済することになっています。たとえば、一〇〇〇億円借り入れたとしたら、一〇〇〇億円を二〇年後に一括して返す仕組みです。

二〇年後に急に一〇〇〇億円を捻出することは非常に困難なので、毎年返済金を少しずつ

積み立てています。それが減債基金です。

ところが、大阪府はその減債基金を毎年約五〇〇億円くらいずつ取り崩し、それを予算の赤字分に充てていたのです。減債基金を取り崩した額は総額約五二〇〇億円にも上っていました。

僕が大阪府知事選挙に立候補を表明する前日に、朝日新聞がスクープでそのことを報じました。大阪府知事になったら「これもやりたい、あれもやりたい」と思っていましたが、いきなり五二〇〇億円の減債基金問題に取り組まなければならない、ということが分かったのです。

まず減債基金から予算への流用をストップさせる大号令をかけられるかどうかが、知事としての最初の関門です。

府庁の役人たちが「流用を止めたら財源不足に陥って、大阪府の予算が組めません。大阪府政が大混乱します」と言うのは目に見えています。案の定、知事に当選してから就任まで二週間くらい時間がありましたが、その間に担当の職員たちが束になって、「流用を止めれば大阪府が倒れます」「無理です」と僕のところに言ってきました。

計算してみると、毎年約一一〇〇億円ずつ収支改善しないと、この問題は解決できないことが分かりました。

職員の給与や様々な補助金を削ったり、府の資産を売却したりして毎年約一一〇〇億円を捻出しなければならないのです。担当職員は「そんなことは絶対に無理だ」と思っています。


しかし、それ以前の問題として、そもそも、減債基金がここまで取り崩されているということを組織の職員たちが知っていたのか。大阪府の財政がこれほど危機的な状況にあることを、組織はどこまで認識しているのか。少なくとも、幹部たちは認識しているのか。そこが非常に疑問でした。そこで幹部たちに尋ねてみると、なんと、ほとんどの幹部は報道があるまで、その事実を知らなかったのです。

財政担当の副知事や総務部長はもちろん知っていましたが、他の副知事や幹部たちは大阪府の財政がここまで火の車ということを知らなかった。土木担当の副知事も、財政のことは所管外ということで、大阪府の財政状況を知らずに、道路、トンネル、橋、港、河川や災害対策の土木予算を組んでいたわけです。部長クラスや課長クラスに聞いてみても、財政担当の部長、課長以外は誰も知りませんでした。

そんな状態で大阪府の予算は作られていたのです。

役所の人たちは、それぞれ自分の担当の仕事が一番重要だと思っていますので、「福祉の予算が必要だ」「教育の予算が必要だ」「道路の予算が必要だ」と言います。各部局が「この事業に、これだけの予算が必要」と言っている予算案を集めてきて、大阪府全体の予算を作っていました。

どの部局も財政が火の車だということを知らずに、自分たちに必要な予算をどんどん要求していたのです。

そこで、まず僕は府庁組織メンバーの全員に大阪府の財政情報を共有してもらい、そのうえで、どの事業の予算が本当に必要なのか、見直しをしてもらうことにしたのです。

では、減債基金問題はそこからどう解決したか。まず僕が知事に就任したときに、前任の太田房江知事がほぼ完成させていた予算を凍結しました。これは「前代未聞だ」ということで大騒ぎになりました。絶対的に必要な人件費の一部などについては暫定予算を組み、その他の予算は凍結です。そして年約一一〇〇億円の収支改善の改革案をまとめにかかりました。道路予算などもいったんすべて止めました。

全国どの地域も同じですが、道路整備の地域要望はものすごく強く、役所も抵抗しきれない面があります。住民全員が要望をしているわけではなく、主に地域の有力者たちが強く要望していることが多いのですが。

大阪府の道路予算をすべて止めたところ、普段は「改革」「改革」と言っている議員でさえ、「この道路だけは特別扱いしてくれ」と言ってきました。

特別扱いを一つでも認めれば、他のところも「俺も認めてくれ」となり、結局全部の道路を造らなければならなくなります。それでは改革のために暫定予算を組んだ意味をなしません。例外を一つでも認めるとフェアでなくなりますので、このときは、一切の例外を認めませんでした。当時僕の知事選で応援してくれた議員に対しても「聖域はない」ということをはっきりと示しました。残念ながら、このような議員ですら、大阪府の財政状況がここまで火の車状態であったことを知りませんでした。もっと言えば、メディアを含めて大阪府民全体が知らなかったのです。**財政についての情報をみんなで共有していなかったからこそ、それぞれが要望だけを強くして、結局財政がおかしくなった**のです。

まずは大阪府の財政状況の大変さを府庁組織全員でしっかりと共有する。議員にも共有してもらう。さらに僕は財政非常事態宣言を発して、府民全員にも共有してもらいました。そのうえでみんなに少しずつの我慢を求め、最終的には年約一一〇〇億円の収支改善を達成することができました。

大阪府に限らず、大きな会社でも会社の財務状況について幹部たちが知らないことは多いのではないでしょうか。

営業担当と財務担当が完全に切り分けられてしまっている会社では、営業担当の役員が「えっ、うちの会社の財務はそんなに悪かったの？」と、ビックリするということが起こりえます。本来は、営業部門にも事業部門にも会社の財務情報を伝えて、共有してもらう必要があります。そうでないと、会社は火の車なのに勝手に営業部門や事業部門が動いてしまうことになりかねません。

重要な情報は幹部全員、いや組織全員に共有してもらうことが大切なのです。

情報を共有する新たな仕組み「戦略会議」

この減債基金問題の件で、僕は組織全体に情報が共有されていないことのリスクがいかに大きいか、痛感しました。では、それぞれの持ち場を超えて情報を共有し、全体で議論するためには、どうしたらいいのか。僕の場合は、大阪府や大阪市に「戦略会議」という新しい仕組みを導入しました。

民間企業の場合は、役員会や経営会議など全体で議論をする場があると思いますが、大阪府庁や大阪市役所の場合は各部局がほとんど独立組織のような状態になっていて、大阪市全体のことを考える意識が幹部の中に醸成されていませんでした。部局中心主義ですね。霞が関の中央官庁では、省益あって国益なしと揶揄されています。役所はどこも似たようなものではないかと思います。

たとえば、労働者の街と言われ少子高齢化が著しい大阪市の西成《にしなり》地域の街づくり計画を決める際には、あいりん労働福祉センターの担当部局、域内の学校を担当する教育委員会、保育所や子どもの預かり場のことを考えることも青少年局、域内の空き地活用を担う都市計画局・経済戦略局、落書き消しや公園の不法占拠解消、防犯灯整備、道路整備を扱う建設局、不法投棄ゴミ問題を担当する環境局、薬物事案の取り締まり強化を考える大阪府警……などなど多くの部局が関与します。それらがバラバラに政策を実行していては西成の街づくりを推進していく一まとまりの力にはなりません。これまでは各部局でバラバラにやっていたこともあり、目に見える効果がありませんでした。それを西成特区構想という形で一つにまとめ、大阪市戦略会議や、大阪府との統合本部会議で議論し政策を実行したからこそ、今、西成地域は外国人観光客で溢れ、地域外から子どもたちが地域内の学校に通うという、見違えるような雰囲気になったのです。二〇二二年には、新今宮駅前に星野リゾートが手がけるホテルも竣工される予定です。

部署・部局ごとに基本的な所管、つまり権限と責任の範囲は決めておかなければなりませんが、**横串を刺すことも必要**です。ゆえに、部局横断的な戦略会議という仕組みを作り、各部局がきっちりと話し合い、全体最適をかなえる政策を立案・実行できるようにしました。これが大阪府庁と大阪市役所に設けた戦略会議と府市統合本部です。

第5章で述べましたが、この点、安倍政権が作った、外交・安全保障に関する「国家安全保障会議（NSC）」も、情報共有をしながら全体最適を目指す仕組みの良い例です。

各部署・各部局の部分最適から、組織全体の全体最適へ。これを達成する仕組みを作ることもリーダー・トップの役割、仕事です。

大阪府や大阪市の行政は、学校に関することであっても「教育委員会の方針」ではなく「大阪府の方針」「大阪市の方針」でなければなりません。同じように「福祉部の方針」、「都市整備部の方針」というのではダメです。都市整備の課題であったとしても、必要な場合は教育担当や福祉担当の意見も聞き、「大阪府の方針」「大阪市の方針」に高めていかなければなりません。そしてさらに言えば、「大阪府の方針」「大阪市の方針」と二つに分かれることも大阪全体にとっては良くありません。それらは大阪府庁の利益、大阪市役所の利益をかなえる部分最適にしかなっていません。したがって大阪全体の全体最適を目指すために、大阪府庁と大阪市役所を一つにまとめる「仕組み」として、大阪都構想を提唱したのです。

実行できる組織は、格子状が理想形

近年、「ホラクラシー経営」「ティール組織」などといった単語が話題になっています。共通するのは、役職の階級がない、上下の関係がない組織だということです。

そういう組織のあり方を全否定するつもりはありませんが、人数が少ない組織ならともかく、ある程度の人数がいる組織、ましてや数千人、数万人の組織では、役職の階級なし、上下の階級なしというわけにはいきません。各部署に権限者・責任者を置き、権限と責任の所在をはっきりさせないと組織は機能しません。

よく「縦割りの弊害」と言われますが、権限と責任の所在をはっきりとさせるためには、**縦割りは絶対に必要**です。

役所で「障害者支援学校はどこの所管？」と聞いたときに、所管が決まっていないようでは困ります。障害者支援学校については、福祉の部局も教育の部局も街づくりの部局も何らかの形で関係しています。しかし、「所管は教育委員会」としっかり決めておくことが必要です。所管が決まれば、権限と責任がはっきりします。

ただし、教育委員会のみの縦割りになってしまうと、福祉や街づくりの部局は関われなくなり、また無関心になってしまうことから、障害のある子どものために効果的な施策ができなくなります。ですから、部局横断的な戦略会議のようなものを置いて「横串」を通さなければなりません。

縦割りで権限と責任の所在をきっちりと決めたうえで、横串を通していく。組織の中に「縦」と「横」の格子をしっかり入れることが重要です。

ホラクラシーは格子を全部取っ払ってしまう組織です。ホラクラシー組織がうまくいくケースもあるかもしれませんが、僕は組織というのは、「縦」と「横」で格子を組んでいくことが必要だと考えています。

「縦割りの弊害」が出てくるのは、横の情報共有がなく、横の人たちと話し合わなくなるからです。縦の串だけでなく、横の串もしっかりと入れれば、縦割りの弊害が減り、かつ権限と責任の所在が明確になり、組織はうまく機能します。

僕は、組織の一番上のレベルに戦略会議という横串を置きました。組織全体の大きな方針は戦略会議で話し合って決めます。さらに、その下に副知事（副市長）レベルの横串の会議、部局長・室長レベルでの横串の会議、課長レベルでの横串の会議など、色々な横串が必要で、それらが各部署間の調整機能を果たすことになります。

危機管理は「まずい情報」を早くあげさせることから

僕は組織に対して、「まずい情報こそ、先にあげて欲しい」と常に言っていました。まずい情報は誰もが隠したがりますが、まずい情報こそ重要です。

とにかく危機管理上最悪なのは、まずい情報を隠していて、あとでバレてしまったときです。ごまかしに入って嘘を重ね、それがバレて失脚というパターンはよくあります。これは一番恥ずかしい。隠していたことがバレた場合には、もうどうにも言い訳、釈明することができません。

今の日本においては、メディアを完全にごまかすのはまず無理です。特に政治行政の分野においては、メディアは徹底して取材をします。隠し通せるものではありません。

さらに日本国民は教育レベルが高く良識がありますから、「これは隠していてはまずい」という情報は組織のメンバーの誰かしらが必ずメディアにリークします。そうなると、メディアから「組織的な隠蔽だ」と集中砲火を浴び、ダメージ・コントロールが不可能な状況に追い込まれます。

ともかく、**まずい情報は隠さずに早くあげてもらい、上司への報告ないしは速やかに公表すること**が必要です。そして、まずい情報を積極的に公表していったにもかかわらず、それが組織の危機的状況を乗り切ることにつながらず、かえって危機的状況を拡大してしまったならば、そのときは身を引くという覚悟がリーダーには必要です。まずい情報を隠して自分の立場を守ろうとするのがリーダー・トップとしての最悪の態度です。

そしてここでの注意点は、**まずい情報があがってきたときに、リーダーが「現場で対応しろ」と言ってはならない**ことです。そんなことを言ってしまったら、現場から二度と情報は上がってこなくなります。危機対応ほどしんどいことはありません。社内外に晒されて、猛批判を浴びるのですから、みな嫌なことです。ゆえにリーダーは「こちらで対応は引き受けるから、ともかくまずい情報はあげて欲しい」と部下や現場に周知徹底しておく必要があります。

まずい情報が組織からあがってきた時点で、きちんとメディアないし社内外に公開して対応すれば、一時的には批判を受けますが、あとで発覚するよりもはるかにダメージが少なくてすみます。もし、まずい情報を公開して真摯《しんし》に謝罪し、今後の対応に力を入れることを力説しても世間の批判が収まらなければ、リーダーは潔く責任をとって辞任するまでです。それほどの不正・不適切な事柄があったのであれば、それを隠したところで自分のポジションを守れるようなものではありません。隠したほうが、次の人生を歩むのに著しくマイナスです。

まずい情報は公開して、それでも事態を乗り切れなかったら仕方がないと覚悟する。これがリーダーに必要な意識です。ビジネスパーソンであれば、通常は上司に報告するということになるでしょう。まずい情報ほど、まず上司に報告する。対応はそれからです。いずれにせよ、隠すことは最悪です。

僕の場合はテレビ出演等の仕事もしていましたので、メディア対応はある意味で慣れていました。組織には「メディア対応は、僕のほうでやるから」と言って、まずい情報をきちんとあげてもらいました。

情報はすべてオープンにして、ミスはミスと認め、反省すべきところは反省し、きっちりと改善策を出すというやり方で、幾度となく生じた危機的状況を乗り切ってきました。それでダメなら辞任しようという覚悟でした。

役所も所詮人間の組織ですから、完璧ということはありえません。ミスや間違い、失敗はいくらでもあります。そんな危機に対応する際の黄金法則は、「**とにかく、自分たちに不利になる情報はすべて出し切る。そこから考える**」というものです。

怪しい情報や自分たちにとって不利になる情報ほど部下や現場から早く出させ、認めるところは認め、反省すべきところは反省し、素早く今後の対応策を出す。

幾度となく危機管理をやってきた僕としては、どうせ不祥事ネタで失脚するなら、自らすべてを開示して失脚したほうがいいという考えでした。隠して、隠して、嘘をついて、挙句の果てにバレて失脚というのが一番カッコ悪い。失脚するにしてもカッコよく失脚したほうが、復活のチャンスも巡ってきやすいと思います。

第7章

日本と大阪を「実行できる組織」にするために

徹底的に考え抜かれた大阪都構想の実行プロセス

「実行プラン」を作らずに国民投票にかけて大混乱したブレグジット

今の世の中に一番欠けているのは、実行プロセスを考えるという姿勢です。どんなに良いビジョンがあっても、実行プロセスがしっかりとしていなければ、ビジョンを実現することはできません。実行力のあるリーダーになるためには、実行プロセスを考えることを重視すべきです。

いかに実行プロセスが大事かを知ってもらうために、僕らがやってきた大阪都構想と、イギリスのＥＵ離脱（ブレグジット）を比較してみたいと思います。

二〇一九年四月現在、イギリスは、ブレグジットで大混乱しています。イギリス政府とＥＵが合意していた離脱の実行プラン（離脱案）は、二〇一九年一月のイギリス議会において大差で否決されてしまいました。メイ首相率いる与党保守党からも大幅に造反者が出ました。その後も数度、議会に離脱の実行プラン（離脱案）が提案されましたがすべて否決となっています。

イギリスに大混乱が起きた原因は、離脱の実行プラン（離脱案）がないまま、二〇一六年六月にいきなり国民投票をしてしまったことです。国民投票では「ＥＵ離脱」が選択されました。その結果を受けて離脱の実行プラン（離脱案）を作ろうとしたら問題や課題が噴出。その問題解決、課題解決が不十分なままの実行プラン（離脱案）について、議会で合意できなくて大混乱。国民投票をやり直せという主張まで出てきてしまう始末です。

実行プランである離脱案をまず作って、「この案で離脱したいが、賛成か反対か」と国民投票にかけるべきだったのに、順番が逆でした。実行プランを作らずに、国民に賛否を聞いてしまった。

国民投票をやることは与野党含めて合意できていたわけですから、急いで投票を実施する必要はありませんでした。キャメロン首相（当時）は、政府の役人や専門家たちに「まず、実行プランである離脱案を作れ」と指示をすれば良かったのです。そうすれば、現在大紛糾しているような問題点や課題が国民投票前にたくさん出てきたと思います。

それらを解決していく具体的な実行プラン（離脱案）を作って国民投票をすれば、国民は現実的な判断をすることができました。しかし、そうした手順を踏まずに国民投票をしたために、大混乱が起きています。

国民投票当時は保守党の中に離脱強硬派がいて、「離脱」「離脱」と騒いでいました。キャメロン首相は強硬派を押さえ込むために、国民投票をうまく使おうと思ったのでしょう。世論調査では残留が過半数でしたから、まさか離脱が選択されるとは思っていなかったのだと思います。

「国民投票でEU残留が選択されたんだから、無茶を言うなよ」と保守党の中の離脱強硬派を諫《いさ》めるために国民投票にかけてみたら、まさかの離脱が選択されてしまって大慌てになったというのが実情でしょう。

キャメロン首相は、離脱が選択されるとは予想していなかったため、事前に実行プラン（離脱案）を作ることを指示していませんでした。

あのときにキャメロン首相が実行プラン（離脱案）を政府の役人や専門家に作らせていたら、その作成過程において、今も解決策がまったく見出せていないアイルランドの国境問題など、様々な解決困難な課題が鮮明になったでしょう。そして、「イギリスの主権は大事だけど、今すぐ離脱というのはちょっと無理だよね」という世論になっていたかもしれません。

実行プランがなく、先にイエスかノーかを聞いてしまったことが、その後の大混乱の決定的な要因となってしまったのです。

大阪都構想は、単なる提言ではなく「実行プラン」だった

これに対し、僕らが取り組んだ大阪都構想は、先に実行プランをきちんと考えたものです。**大阪都構想を例にとって、これまで本書で述べてきたことの総ざらいをしてみましょう。**僕は本書で述べてきたノウハウをフルに駆使して、大阪都構想というビジョンを実行しようとしたのです。

実は、僕の前任の太田房江知事も、大阪府と大阪市の二重行政について問題意識を持っていました。太田知事は府と市を一つにまとめた新しい大阪の形（大阪新都構想）を示そうとしました。その検討をどこに指示したのかというと、大阪府庁の既存の部署です。その部署で検討して、できあがった報告書が五〇ページくらいの文章になっています。僕らが提言した大阪都構想と方向性はほぼ同じ内容です。

しかし、この報告書は学者が書く論文レベルでした。大阪府と大阪市の問題点がたくさん書いてあり、一つにまとめなければいけないという目指すべき姿が書かれているだけです。役所としては、そのような報告書ができても、「じゃあ、具体的にどうしたらいいの？」と思うだけで、何も実行できません。

現在の大都市制度には色々と問題があり、大阪府以外の県や市でも議論されています。大阪市や横浜市では「スーパー政令市構想」「特別自治市構想」、愛知や名古屋では「中京都構想」、神奈川・新潟・静岡では「神奈川州」「新潟州」「しずおか型特別自治市」構想。しかし色々な議論があっても、結局それは報告書止まりで終わっています。

役所にはこうした研究報告書がたくさんありますが、いずれも単なる提言レベルで、何の実効性もありません。実行できないのです。

学者やコンサルタントたちは、役所に対して「こうすべきだ」「ああすべきだ」と様々な提言をします。その際、「知事・市町村長や役所は何も考えていない。奴らはバカだ」というような感じで、偉そうな言い方をしますが、はっきり言って、学者やコンサルタントが提言しているようなレベルのことは、役所の中ではとっくに十分議論しています。大阪府庁も大阪市役所も、役人たちはみな非常に優秀です。学者やコンサルタントよりもレベルの高いレポートを内部でいくつも作っています。ただし役所内部で作ったレポートが、いくら優れていると言っても、結局は実行できないシロモノです。なぜなら、大阪府と大阪市を一つにまとめるためには、何をどのようにしたらいいのかを具体的に定めた実行プランになっていないからです。「一つにまとめるべき!」という提言だけでは、具体的に実行できません。

たとえて言うなら、提言書やレポート・報告書は、家を建てるときの完成予想イラスト図のようなものです。実際にその家を建てるとなると詳細な「設計図」が必要になってきます。この**詳細な設計図こそが「実行プラン」**であり、工務店は、この設計図をもとに家を建てることを「実行」していきます。完成予想イラスト図だけでは、工務店は家を建てることができませんよね。

太田知事が主導して作った報告書は完成予想イラスト図止まり。その他の自治体で作成されたスーパー政令市構想、特別自治市構想、中京都構想、神奈川州・新潟州・しずおか型特別自治市構想も同じです。しかし大阪都構想において僕が作ろうとしたものは完成予想イラスト図ではなく、大阪府と大阪市を一つにまとめる詳細な「設計図」だったのです。

大阪にはリーダーシップを発揮できる「仕組み」がない

大阪は、東京と並ぶ二大都市と言われながらも、近年は衰退の道を歩んできました。

大阪の問題は何なのか。

最大の問題は、大阪全体を引っ張っていくリーダーとその実行部隊がいないことです。三

○、四〇年前からずっと「大阪には大阪を引っ張る気概のある政治家が生まれない」「大阪の政治家は何をやっているんだ」と言われ続けてきました。まあ、知事にも市長にも国会議員にも、大した政治家がいなかったのは確かです。

そういった政治家の資質の問題もありますが、僕が目を向けたのは大阪の行政組織の「仕組み」です。**組織の仕組みの問題を解決しないことには、リーダーシップを発揮することができない**ことに気がつきました。というのは組織にはそれぞれ権限と責任の範囲があり、組織の長は、どれだけ人間的に魅力がある人でも、その範囲においてしかリーダーシップを発揮できないからです。ゆえに、大阪の行政組織の仕組みを、リーダーシップを発揮できる仕組みに変えていこうというのが、僕らが主張する大阪都構想です。

僕がよく引き合いに出すのは、東京都の仕組みです。東京は、都知事一人が東京全体のリーダーシップをとり、東京都庁がその実行部隊となっています。

それに対して、大阪には、大阪府知事と大阪市長という二人のリーダーがいます。それぞれが「自分こそが大阪のリーダーだ」と思っています。二人のリーダーが対等、あるいは主導権争いをしてきたため、大阪全体の統合的なリーダーシップを発揮できなかったのです。

これには歴史的な経緯が関係しています。廃藩置県によって都道府県制度の原型ができたのは明治四（一八七二）年。今から約一五〇年前です。当時の大阪は、中心部に人口の約九割が住んでいました。大阪市内に大半の人が住み、企業が集中していたわけです。大阪市の外側は、ほとんどが田畑で、レンコンを作ったり、枝豆や桃を作ったりしていて、人はあまり住んでいませんでした。

ゆえに、九割の人口が住む大阪市内は、大阪市役所が担当し、人があまり住んでいない大阪市外の地域は大阪府庁が担当するという、行政上の仕組みになっていたのです。そのことによって大阪市内でリーダーシップを発揮するのは大阪市長、大阪市外でリーダーシップを発揮するのは大阪府知事と決まってしまった。こうした組織の仕組みが、大阪におけるリーダーシップのあり方を規定したという経緯があります。

しかし大阪全体がどんどん都市化して、大阪市外にも人や企業が集まってきました。こうして大阪市役所と大阪府庁の力関係が対等になってきますと、両者が対立し始めます。大阪市役所は、大阪府庁のことを「田舎者」とバカにしますし、逆に大阪府庁のほうは、「大阪市は大阪府の一部じゃないか」と、子分扱いしようとします。

戦後、大阪府知事は大阪市民を含む大阪府民全体から選挙で選ばれるようになりましたが、大阪市役所と大阪府庁の行政上の仕組みは何ら変わらなかったので、府知事と市長の中途半端なリーダーシップや対立関係は何も変わりませんでした。

ですから、大阪府庁と大阪市役所は犬猿の仲。「国が違う」というくらいに仲が悪い。たとえて言うと、韓国と北朝鮮。市と府の境界線は北緯三八度線のようなものです（笑）。この意識がずっと続いてきて、今でも、引きずっているわけです。

外から見れば、大阪は一つに見えるかもしれませんが、実態としては大阪府と大阪市はまったく一体化していない別の国のような状況です。

鉄道のネットワークを見ると、それがよく分かります。

大阪市内を縦に走る今里筋線という地下鉄の路線があります。乗降客が少なく、「空気を運んでいる」と言われる路線で、走れば走るほど赤字が増えます。今里筋線の北の終点が井高野という駅。その井高野駅から約七〇〇メートル北のところに阪急電鉄が走っています。大阪と京都を結ぶ超優良黒字路線です。

大阪全体のリーダーであれば、おそらく誰でも「今里筋線と阪急電鉄をつなげよう」という指示を出すと思います。つながれば、京都の人は阪急の梅田を経由しなくても、井高野駅から地下鉄路線に入って、大阪市内のどこにでも行けます。ところが、この二つの鉄道がつながりません。三八度線、すなわち大阪市の境界線が横たわっているからです。

地下鉄井高野駅は大阪市役所の所管。阪急は大阪市の外側を走っていますので大阪府庁の所管。大阪府庁や大阪市長は基本的に大阪市内のことしか見ていません。大阪市外の阪急とのネットワークに関心が弱い。そういうこともあり、大阪府庁と大阪市役所の両者の話し合いがつかないのです。

鉄道だけでなく、高速道路も大阪市役所と大阪府庁の所管が違うとつながらない。一事が万事で、何から何まで大阪市の境界線で分断されて、つながらない状態です。

これはインフラだけにとどまりません。経済政策や産業、観光、災害、感染症などの対策についても、常に大阪市と大阪府の境界線である三八度線で分断されてしまうのです。大阪全体の政策が立案され力強く実行されることが少ない。

だから僕は、大阪府庁と大阪市役所をいったん解体して、大阪全体を所管する大阪都庁をつくり、大阪全体のリーダーとして大阪都知事を誕生させようとしたのです。これが大阪都構想です。

東京が発展した要因の一つは、東京府と東京市が一つになったから

それに対して、東京の場合はどうでしょうか。東京は地下鉄の多くが私鉄と相互に乗り入

れていて、東京全体に鉄道ネットワークが広がっています。ただしこの東京の鉄道網は、最近パッとできあがったものではありません。実に六〇年もかけてできあがったものです。昔は、山手線の内側が地下鉄で、山手線の外側が私鉄でした。それを六〇年かけてつなげ、途中で乗り換えが不要な、便利な状態にしてきたのです。そのような計画作りにリーダーシップをとったのは東京都知事であり、東京都庁です。都知事や都庁は東京全体を視界に入れて計画・実行プランを作り、それを着実・強力に実行したのです。

実は、東京も昔は、東京府と東京市に分かれていました。今の二三区あたりに相当するところは東京市で、その外側が東京府でした。東京府と東京市は、現在の大阪のように仲が悪く、対立していました。

これを一つにまとめなければいけないという案が、一八九六年の明治帝国議会で持ち上がりましたが、なかなか実現しませんでした。一つになってしまうと、東京市議会議員は全員クビになります。東京市から補助金をもらっている団体も自分たちの補助金がどうなるか不安です。江戸幕藩体制が倒れて明治政府ができたときには、幕藩体制で利益を得ていた人たちが猛反発して、最後は西南の役にまでつながりましたが、それと似たような状態でした。まさに、大阪都構想において大阪市議会議員や大阪市役所から補助金を受けている各種団体が猛反対しているのと同じですね。ですから東京府と東京市を一つにまとめる東京都案は、提案されては取り下げられてということを繰り返していました。

思わぬ形で一つになったのが、一九四三年。太平洋戦争中です。東京府と東京市が喧嘩などしていたら戦争に勝てないということで、時の東条英機内閣が大号令をかけて、閣議決定で東京府と東京市を一つにまとめてできたのが東京都です。

戦争には負けましたが、戦後は、一つになった東京都が威力を発揮しました。

東京都知事が東京全体にリーダーシップを発揮できる仕組みになりましたから、歴代都知事や都庁は旧東京市の二三区だけでなく、旧東京府の多摩地域も含めた東京全体の発展のためにインフラ整備や産業政策を立案し、それを強力に実行しました。その一つが、先ほど例に挙げた東京全体の鉄道ネットワークです。鉄道の利便性が高まれば、人もどんどん集まってきます。鉄道だけでなく、東京は東京全体で便利になり、東京全体の産業政策も活きてきます。人が集まれば、企業もお金も情報も集まり、東京はどんどん発展していきます。

もちろん東京都になったことが東京の発展のすべての要因とは言いませんが、それでも**東京府と東京市が一つになって大東京を形成したことは、東京の発展の大きな要因**だと思います。たとえば、二〇〇八年、人口約二六五万人の大阪市だけではオリンピックを誘致することはできませんでした。それに対し、東京は一三〇〇万人、大東京によって見事オリンピックを誘致しました。そして二〇一八年、大阪府と大阪市が一致団結した結果、万博を誘致することができたのです。やはり府と市が一つにまとまると大きな力を発揮します。

そこで大阪も、東京と同じように大阪府と大阪市を一つにまとめようとするのが大阪都構想です。

東京都知事も都庁の職員も、**「東京都」という行政の仕組みがあるから、東京全体のことを考える意識を持てる**わけです。しかし、大阪は府と市の二つに分かれていますから、知事や市長、そして府庁職員や市役所職員に「大阪全体のことを考えろ！」と言ってもなかなか無理な話です。行政組織の仕組みを変えて一つの大阪にしなければ、リーダーや職員の意識は変わりません。

大阪都構想を実現する実行プランはどう作ったか

僕は大阪府知事として、大阪府と大阪市を一つにまとめる大阪都構想を打ち出しました。「一つにまとめる」と口で言うのは簡単ですが、どうまとめるのかという案、すなわち実行プランを作らないといけません。これには膨大な作業が伴います。

僕は弁護士としてM&A（合併と買収）の実務を担当したことがあり、M&Aの際には実行プランである具体的な組織編成プランを作らなければいけないことを経験していました。二つの組織をまとめるには、単なる組織図ではなく、各部署の権限、人事、財務など組織が動くためのあらゆる事項について協議し文書化しなければなりません。大阪都構想の実行プランを作るには、膨大な作業量になることが、実務経験上分かっていました。

大阪府庁は予算規模が全会計で約五兆四〇〇〇億円、大阪市役所のそれは全会計で約三兆五〇〇〇億円です。これらの巨大な組織を合併させて大阪都庁を作り、さらに大阪市役所を五つの特別区役所に分割するのが大阪都構想です。巨大企業と五つの中堅企業を一気に作るような大がかりな組織の合併と分割です。

これほどの組織編成プランを僕一人で作ることなどできません。役所組織に精通している優秀な職員にやってもらうしかありませんが、一人や二人の職員では不可能です。

府庁と市役所の多数の部局をどう再編するのか、権限・事務の振り分けと税財源の配分をどうするのか、あらゆることを協議して決めていかなければなりません。一〇〇人くらいの職員が束になってかからないと、とてもそのような組織編成プランなど作れません。

僕は大阪府知事ですから、指示できるのは、大阪府庁の職員だけ。市役所の職員には指示を出すことはできません。しかも大阪市役所という組織が大きく変わる大阪都構想に対して、当時の大阪市長と大阪市役所職員は猛反対です。ですから大阪府知事である僕や大阪府職員と、当時の大阪市長・大阪市職員が大阪都構想の実行プラン作成について協議するなどありえない状況です。しかし大阪都構想の実行プランを作ろうと思えば、もう一方の当事者である大阪市役所職員が全面的に協力してくれなければ無理です。

市役所側の協力を得られない中で、まず大阪府庁において、僕の知事権限に基づいて「大都市自治制度研究会」というものを立ち上げ、とりあえず大阪都構想の実行プランを作り始めました。

僕が大阪市役所の職員に指示を出すには、大阪市長になるしか方法はありません。さらに、大阪府議会、大阪市議会における自民党、公明党、共産党、当時の民主党という既存の政党のすべてが大阪都構想に猛反対しており、両議会の承認を得なければ実行プランは確定できないので、府議会、市議会でも大阪都構想に賛成の勢力を確保することが必要でした。

そこで、僕は大阪都構想を実現するために地域政党である「大阪維新の会」を立ち上げ、大阪府議会、大阪市議会で一定の勢力を確保し、さらに大阪府知事、大阪市長のポジションを獲りにいこうと考えました。大阪市長は、僕が府知事を辞めて自ら獲りにいくことを決意しました。

二〇一一年四月の大阪府議会議員選挙と大阪市議会議員選挙を戦い、大阪維新の会は、府議会で単独過半数、市議会で圧倒的な第一党となりました。

府議会の過半数を押さえたので、知事権限だけで設置した先の大都市自治制度研究会を発展させる形で、「大阪府議会大阪府域における新たな大都市制度検討協議会」というものを条例に基づいて設置しました。そして、知事権限のみで作った大都市自治制度研究会による大阪都構想の実行プランを、府議会を交えて議論しブラッシュアップしていきました。この段階ではまだ市役所はまったくかかわっていません。

二〇一一年十一月、大阪市長選挙に合わせて、僕は市長に転じるために知事を辞職して、市長選挙に立候補しました。大阪府知事選挙には、大阪維新の会から当時府議会議員だった松井一郎さんが立候補しました。

自民党から共産党までの既存の全政党、そして大阪市役所や市役所に関連する団体、さらには各種業界団体まで大阪都構想に反対。激戦となった知事・市長ダブル選挙は、大阪維新の会の完全勝利に終わり、僕が大阪市長、松井さんが大阪府知事に就任しました。これでようやく、市役所の職員に指示を出すことができるようになったのです。そこでまた、先述の検討協議会を「大都市制度推進協議会」として発展させます。

さらに僕と松井さんは、府庁と市役所で大阪都構想の実行プランを作る共同部署を設けることにしました。

正式な部署を作るためには議会による条例に基づくことが必要です。大阪維新の会は府議会では過半数を持っていましたが、市議会では過半数には達していません。そこで、公明党に衆議院議員選挙区は譲るという政治折衝を行ない、その協力を得て、何とか府議会と市議会で共同部署設置の条例を成立させることができました。

ここまでやって、やっと大阪都構想の実行プランを作る組織体制を整えることができたのです。「大阪都構想！」とビジョンを口で言うだけでは、何も実行できません。**ビジョンを実行するには実行プランを作る組織体制を整えなければならない**のです。

この共同部署は「大都市局」と命名し、一〇〇人以上の組織となりました。役所にとっては大きな組織です。これくらいの数の優秀な大阪府庁と大阪市役所の職員が集まって、やっと大阪都構想の実行プランを作ることができるのです。

大阪の次は、国会。国を動かす実行プロセス

大阪都構想の実行プラン作りは進みましたが、実現するには、まだ一〇〇〇段の階段のうち四段か、五段上った程度です。

次に必要になったのは法律です。大阪府と大阪市を一つにまとめるという大組織再編、大改革は、国全体の行政の仕組みにも影響を及ぼすので、法律の根拠が必要となります。大阪府庁と大阪市役所が実行プランを作って府議会・市議会が承認するだけでは、大阪都構想は実現できません。

そしてこの当時、大阪維新の会には国会議員は一人もいませんでした。

僕は国政政党「日本維新の会」を作ることを宣言し、メディアに対して大風呂敷を広げ、維新の政治姿勢をアピールしまくりました。もちろん、大阪では大阪維新の会は大胆な改革を実行し続け、実績を上げています。それを全国的にアピールしたのです。当時の民主党政権は有権者からの支持を失い、他方、自民党もまだ支持を摑んでいるとは言えない状況で、日本維新の会に対する「期待値」が徐々に増していきました。政治の勢いとは不思議なもので、僕の大阪からの大風呂敷によって、国会議員もゼロ、国政での実績もゼロの日本維新の

会への国民の期待が高まっていくのです。

こうなると東京の政界のほうでも、大阪の動きを意識せざるをえません。まず渡辺喜美さん率いる当時の「みんなの党」が大阪都構想法案を作成してくれました。当時野党であった自民党は総務大臣経験者の菅義偉さん（現・官房長官）が「大阪からそういう声をあげるのなら、サポートする」と言って応援してくれました。そういう流れになって民主党政権も公明党も乗ってくれました。そのときは、実体はなくても日本維新の会の勢いが増していたことと、地方の自発性を重視する地方分権というものがブームになっていたことが重なり、大阪都構想法案を成立させることに既存の政党がみな乗っかってくれました。

そうして、日本維新の会の国会議員はゼロのまま、民主党、自民党、公明党、みんなの党などが、大阪都構想のための法律を議員立法で提出して可決してくれました。「大都市地域特別区設置法」という法律です。この法律の中に、府・市において協議会を作って大阪都構想の実行プランを作成し、国とも協議をし、府議会・市議会の議決を経て、最後は大阪市民の住民投票に諮りなさいという条文が定められました。

まさに、これが大阪都構想実現に向けての法律上の実行「プロセス」です。

それまでは、大阪府庁と大阪市役所がローカルな条例を作って共同部署を設立して協議していましたが、法律ができたことで法律上の協議会に格上げとなりました。よく知事・市町村長が色々な改革案を提言したりしますが、国全体に影響を及ぼすようなことは、いくらローカルな条例に基づいて進めていても、そのままでは実行できないのです。最後は法律に基づかなければなりません。

そこでまたもや公明党の協力を得て府議会・市議会において大都市における特別区設置法に基づく、法律上の協議会（法定協議会）を設置し、さらに大阪都構想の実行プラン（協定書）をブラッシュアップすることになりました。今回は国も関与することになり、大阪府知事、大阪市長、府議会議員、市議会議員に加えて、総務省を窓口に日本政府の各省庁の担当者が参加し、府庁・市役所の総勢一〇〇名ほどの大都市局が総掛かりになって大阪都構想の実行プラン（協定書）の中身を詰めていきます。

ここで、実行プラン作成の中心である大都市局の組織体制が非常に重要になってきます。「あとはみなさんにすべて任せます」というのでは、うまくいきません。もともと市役所側は大阪都構想には猛反対ですから、放っておけば府庁・市役所の共同部署である大都市局の議論は平行線のままになってしまいます。そう、小泉進次郎さんの国会改革チームみたいに。ですから、**決定権者・責任者と指揮命令系統をしっかり定めなければなりません。**

ここは僕の大阪府知事時代、改革案を見事に実行してくれた府庁職員を大都市局のトップに任命し、決定権を持たせました。物事を大きく変える案を作るための組織体制を作る際には、組織内で熾烈な主導権争いが生じます。ゆえに決定権者の任命や指揮命令系統の構築は、リーダー・トップがしっかりとやらなければならないし、**これこそが、その組織が動くかどうかの肝になります。**

そのうえで、市役所の職員については、「都構想に反対であっても、決まったことには従う」と約束してもらって、実務を任せられる人を村上副市長に選んでもらいました。この組織が法定協議会における実行部隊となり、二年がかりで大阪都構想の実行プラン（協定書）を完成させたのです。

学者やコンサルのレポートとは違う、これが実行するためのプラン

法定協議会における実行プランの作成は、実際に膨大な作業でした。巨大な大阪府庁と大阪市役所の仕事をすべて分解し、新しい大阪都庁と五つの特別区役所（当時の案）に振り分

けていくのです。権限と財源をどちらの役所のものにするのか、人員はどれくらいにするのか、国も巻き込み大激論です。

国は大阪府と大阪市に支出している交付税（補助金）はどうなるのかを心配していました。僕は、財務省と掛け合い、「国が出す交付税に影響させることはありません」とまず宣言しました。このように、まず大枠を決めることがリーダーの役割です。このことで国は安心したのか、以後は大阪都構想について猛反対することはありませんでした。

ただし実行部隊である大都市局と政府の各省庁は実務的、専門的な折衝を繰り返しました。児童相談所は、当時は都道府県の仕事だったのですが、大阪都構想の案では特別区に移すことになっていました。大阪都構想の案ができたあとに、法律改正が行なわれ、今は、特別区が児童相談所を持てるようになりました。国は、大阪都構想の考え方を後追いしたのです。

また大阪都構想では、都道府県が現在持っている都市計画権限も特別区に移したかったのですが、こちらは国のほうから「待った」がかかりました。特別区よりも広い都の範囲で都市計画はやってもらわなければ困るということが理由でした。僕は、地方分権の最新モデルとして、特別区に都市計画権限を移そうと考えましたが、ここは最終的に国の主張を認めました。国も全国的に影響が出そうなところは、必死になって止めにかかります。

このように法定協議会や国との間で膨大な量の議論を行ない、その過程で様々な多くの課題も見つかりました。課題についてはその都度、知恵を絞ってそれを解決する新しい制度を設けて対処しました。未解決のまま放置した課題はありません。このようにして、最終的なGOサインが出れば、この実行プランに基づいて実際に大阪都庁と五つの特別区役所が現実に設置されるまでの実行プランとなったのです。

これが、まさに大阪都構想の「設計図」です。その設計図は付属文書を含めると七〇〇ページ近くになりました。

大阪府のホームページ（http://www.pref.osaka.lg.jp/daitoshiseido/hoteikyo/index.html）にも出ていますので、ぜひ見てみてください。「ここまでのことをやったのか」と、みなさんきっと驚かれるのではないかと思います。そして学者やコンサルタントのレポートとの違いがはっきりと分かると思います。学者やコンサルタントの大都市制度に関するレポートが、いかにふわっと軽いものであるか。そんなレポートでは何も実行できません。実際に実行しようと思えば、特別区の名称・区域、特別区の議員定数・議員報酬、大阪都と特別区の事務の振り分け・税源の配分・財政の調整・財産の振り分け・職員の移管、都と区の協議会、区による共同事務などについて、このホームページに掲げられているくらいに内容が詰められていなければならないのです。

実行するには、時に「力」も必要になる

二〇一〇年の年頭に大阪都構想のビジョンを打ち出してから、大阪都構想の実行プランが完成したのが二〇一五年三月。本当に長くしんどい道のりでした。その間には、絶対に越えられないだろうと言われていた壁がいくつもありましたが、大阪維新の会のメンバーや、府庁・市役所の職員たちに支えられ、その都度その壁を乗り越えてきました。少し先の壁を越えることができないかもしれないが、まずは目の前の壁を越えることに全力をあげる。**このような執念が、誰もが実現不可能だと思っているビジョンを実行するために最も必要かつ重要なリーダーの姿勢**です。

なんとか大阪都構想の実行プランを完成させるところまではたどり着いたのですが、最後の難関が立ちはだかっていました。公明党問題です。

公明党とは途中まで先に述べた政治折衝によって協力を得ることができましたが、そこは

「一寸先は闇」の政治の世界です。公明党は、様々な状況判断から、二〇一三年頃から大阪維新の会から距離をおき、ついに二〇一四年からは完全に大阪都構想反対に舵を切りました。大阪都構想の実行プランは完成したのですが、府議会、市議会で議会の承認を得られなくなったのです。議会の承認がなければ、次の住民投票に進めません。この頃は、府議会でも大阪維新の会は離党者が出て、過半数議席を持っていなかったので、是が非でも公明党の協力が必要な状況になっていました。

ところが公明党は徹底して反対の姿勢です。こうなると最後はリーダー・トップの役割で力業を使うしかありません。物事を進めていくには、時として「力」を使わなければ進まないのです。**インテリたちが好む「議論」「話し合い」だけでは膠着した事態を打開することはできません。**もちろん、その「力」とはルールの範囲内の力であることは当然ですが。

僕はいったん市長を辞職し、大阪都構想の推進を公約に掲げて出直し市長選挙をやって再選を果たし、民意を示そうとしましたが、それでも公明党は動きません。次に、大阪市民が中心となった大阪都構想の住民投票実施のための住民投票署名運動を仕掛けましたが、それでも公明党は動かないのです。そこで僕は松井さんと話し、最後は、公明党の国会議員と国政選挙で戦おうと決意しました。それまでは関西の公明党国会議員の選挙区には、維新の会は候補者を立てないという条件で、公明党には大阪都構想に協力してもらっていました。しかし、こうなったら僕と松井さんが中心となって国政選挙で徹底して公明党と戦おう、公明党の国会議員を落選に追い込もうと決めたのです。松井さんの好きな焼き鳥を食べながら一大決心をしました。僕は、公明党の大阪府本部代表の国会議員を狙い、衆議院議員総選挙の準備に入りました。

ちょうどそのときに衆議院が解散され、総選挙の風が吹いたのです。まさに「神風」です（笑）。「さあ、出陣！」となったときに、東京の公明党から政治折衝の申し入れがあり、最終的に僕らは総選挙に出馬せず公明党に国会議員は譲る、その代わり大阪において公明党は大阪都構想の住民投票実施に協力するという政治合意ができました。

ここでの最大のポイントは、公明党は住民投票の実施までは賛成するが、住民投票では大阪都構想には反対する、という合意です。僕はここがギリギリの政治折衝だと思い、ここで折り合いました。

住民投票が実施されれば、あとは僕らの力で賛成多数にすればいい。公明党が住民投票で大阪都構想に反対に回ってもいいと判断しました。これが二〇一四年のクリスマスの日だったと思います。東京から大阪に戻り、今度は大阪の公明党との政治折衝です。

大阪の公明党をはじめとする維新以外の政党は、その前日まで、「大阪都構想を潰してやった！」「橋下と大阪維新の会にとどめを刺してやった！」と沸き立っていました。これが政治の現実です。こういう現実を知らずに「話し合いをするべき！」と叫ぶのは、頭の中がお花畑の人でしょう。

ところが大阪の公明党は、東京の本部から「住民投票実施には賛成しろ！」と大号令がかけられたのです。公明党は超強力な組織政党です。東京本部の指令には従わざるをえません。自民党ならそんな指令は無視するでしょうね（笑）。大阪の公明党のメンバーの心境は察して余りあるものがあります。あれだけ大声で「大阪都構想には問題がある！」「大阪都構想反対！」「住民投票反対！」と言っていたのに、急遽、住民投票に賛成しなければならなくなったのです。僕は、「住民投票実施にさえ賛成してくれれば、住民投票で大阪都構想に思いっきり反対してくれても構わないから」ということを真摯に伝えて、最後は収めました。このことが報道で出るや、自民党、民主党、共産党は蜂の巣を突ついたような大騒ぎになりました。

こうして二〇一五年三月、最後の大難関である府議会、市議会の承認という壁を突破し、同年五月一七日に大阪都構想の是非を問う住民投票が実施されることになったのです。

ここからは、住民投票に勝つための戦略とその実行部隊を設けなければなりません。物事を実行するためには、方針・戦略と組織体制はワンセットです。僕は、吉村洋文さん（現・大阪府知事）を、維新の中堅若手議員からなる都構想戦略チームのリーダーに任命したのです。

住民投票中にも、次の実行プロセスを想像する

二〇一五年の年明けから住民投票実施の報道が流れ、府庁や市役所内部も大阪の世間も、住民投票になれば大阪都構想が賛成多数で可決になるだろうという雰囲気でした。そのときの世論調査も賛成が多数でした。しかし僕は「人間というのは保守的だから投票ギリギリの段階になれば変化を嫌がる人が増えるだろう」と見ていました。年明け段階の世論調査において七対三くらいで賛成が上回っていれば五月の住民投票でも賛成多数になるでしょうが、そのときの世論調査では五五対四五くらいの賛成多数だったので危ないなと思っていました。

そう思いつつも、住民投票で賛成多数になるように全力をあげなければなりません。最後、この壁を乗り越えれば、五年以上政治エネルギーを注いできた大阪都構想が実現できる

のです。

ただしこの頃、僕がもう一つ重視していたのは、住民投票後の実行プロセスです。大阪都構想の実行プランでは、住民投票が可決された後二年ほどで、大阪府・市を大阪都・区に移行するスケジュールでした。これはそのときの府議会議員、市議会議員の任期に合わせたものですが、大阪府庁と大阪市役所という巨大組織を抜本的に組み直すには膨大な作業が必要で、二年というスケジュールに十分な余裕はありません。したがって住民投票で可決となった場合に、スムーズにその実行プランを実行していかなければなりませんでした。ここでも**方針・戦略・実行プランと組織体制のワンセットが必要**です。七〇〇ページにも上る大阪都構想の実行プラン・設計図を実行するには、それなりの組織体制を組まなければなりません。

そこで僕は、これから住民投票が始まろうとするその段階で、住民投票で賛成多数を得るための戦略とその実行とともに、可決された後に、大阪都構想の実行プランを実行するための組織体制づくりにも着手しました。**仕事には想像力が重要で、先の先まで想像しながら、先手、先手を打っていかなければなりません。**

いよいよ大阪府庁と大阪市役所の組織の大再編が目の前に迫ると、組織内部の主導権争いが激化します。これは企業同士の合併でも同じです。

自分たちの部局・部署ができる限り権限と財源を多く持ちたい、他から指揮・命令されるような形にはしたくない――このような意識を強く持っている各部局・各部署を説得して各主張・要望を抑えながら、新しい組織に組み立て直すことは、組織再編における永遠の課題ですね。

ゆえにこの**調整役というものが、組織内において絶大なる権限を持つことになります**。各部局・各部署の主張・要望をどのように汲んでいくかは、この調整役の権限となりますから。したがって大阪都構想の実行プランを実行して、大阪都庁と特別区役所を実際に作る部隊をどう構成するか、そこが非常に重要なんですが、組織内主導権争いを調整することが非常に難しい。

僕は、年明けから佳境を迎える次年度予算の編成や、住民投票に向けて大阪維新の会をマネジメントすることとの合間を縫って、三人の副市長と会議を持ちました。大阪都構想実行プランの実行部隊をどのように組むかを検討するのですが、どうも副市長たちの意見がパッとしません。お互いに気を遣っているような感じです。大阪市役所の組織をどう再編するかとなると、各副市長もそれぞれが担当する部局の強い思いを背負っているため、思惑がぶつかります。

そこで僕は各副市長と個別に協議することにしました。飲み会も設定しました。僕の大きな考え方をもとに、三人の各副市長にそれぞれ具体的な職員名を入れた実行部隊の案を作ってもらい、比較優位の検討をしました。こうして、住民投票に突入する前に、住民投票が賛成多数になったあとに都構想の実行プランを実行する部隊の体制を既に整えていました。

プランと組織体制は常にワンセット

二〇一五年五月十七日の住民投票は、投票率約六七％、賛成約六九万五〇〇〇票、反対約七〇万五〇〇〇票で反対多数となり、否決となりました。〇・八％の僅差でしたが、否決は否決です。この結果を受けて、僕は政治家引退の宣言をし、同年十二月十八日、市長任期満了をもって政治家を引退しました。

この住民投票の結果について、大前研一氏は、「橋下徹君へ『なぜ君は敗北したか教えよう』」なんていう偉そうな記事を出しました（「プレジデントオンライン」二〇一五年七月一日記事）。その中で、「橋下は日本維新の会など作らず、始めから大阪都構想の賛否を問う住民投票をやれば良かった」といった意味のことを主張していました。これを見て、「ああ、この人は物事を実行するプロセスをまったく分かっていない単なるコンサルにすぎないんだな」とつくづく思いました。

大阪都構想の実行プランがない中で、大阪都構想について住民にイエス・ノーを聞いてもまったく意味がありません。そのような住民投票をやっていたら、イギリスのブレグジットと同じような大混乱を招いていたか、住民投票の結果は無視されていたでしょう。

他方、朝日新聞や読売新聞をはじめとするメディアや学者、コメンテーターのインテリたちは、二〇一〇年に僕が大阪都構想という方針・ビジョンを出したときに、いきなり「大阪都構想の具体的な設計図を出せ！」と言ってきました。しかし、そんなものをいきなり出せるわけがありません。前述したように、設計図・実行プランづくりは、膨大な作業を要するものなのです。

「具体的な設計図・実行プランは、今はまだありません」と僕が答えると、「具体的に言ってもらわないと大阪都構想なんて分からない」「大阪都庁と特別区役所の仕事・権限と税財源の割り振りはどのようにするのか」「どのように大阪市役所を五つの特別区役所に分けるのか」「それぞれの特別区の名称は何か」「特別区内の税財源はどう配分するのか。各特別区役所の税収の格差はどう是正するのか」と、そんなことばかり言われました。

しかし、これらは大きな方針・戦略ではなく、すべて実行プラン・設計図の話です。

メディアからは猛批判されましたが、僕は、選挙で勝たなければ始まりませんので、「今（二〇一一年四月の大阪府議会・大阪市議会議員選挙時）は大きな方向性・方針・ビジョンを示すところまでしかできません。ですから、今回は大阪府と大阪市を一つにまとめ、大阪市をいくつかの特別区に分けるという大きな方向性にイエスかノーかで判断してください。イエスなら大阪維新の会の議員を当選させてください。議員が当選して議会で勢力を確保し、その後、知事、市長のポジションも獲れば、大阪都構想の具体的な案をまとめてみなさんの今のような質問にきちんと答えるようにしますから」とずっと言い続けました。そして、選挙によって大阪維新の会の議員メンバーを増やし、さらに知事、市長のポジションも獲得しました。この過程では、「大阪府と大阪市を一つにまとめて世界で勝負できる大阪にしましょう！」くらいしか言っていませんでした。当時はそんな話で一時間も二時間も演説していましたね（笑）。

大前さんは、実行プランのない段階で住民にイエス・ノーを問えばいいという考えで、他方、メディアやインテリたちは「ただちに実行プランを出せ」の一点張り。どちらも実行プロセスというものを分かっていないのです。

また、大阪の大谷昭宏というコメンテーターは、「法律を作らなきゃいけないから、大阪都構想なんて絶対に無理だ」と言っていました。これも実行プロセスを分かっていない人のコメントです。法律がないのなら新たに作ればいいのです。それに**挑戦するのが政治そのものであり、リーダー・トップの役割**です。

物事を実現するには、まずは大きな方針・ビジョンを立てることです。これは抽象的なものです。そしてこれを具体化し実行するプランを作ります。そのためには組織体制を整えなければなりません。具体的な実行プランを作成したら、今度はそのプランに基づいて実行していくことになりますが、そのときにも実行するための組織体制を整える必要があります。繰り返し言いますが、案・プランと組織体制は常にワンセットです。

これが大きな方針・ビジョンを実行するプロセスであり、僕の大阪都構想は、ここに選挙・法律制定・住民投票というものがさらに入ってきました。僕はこの実行プロセスを頭に描いて、八年間の政治活動をやってきたつもりです。政治家や実務家は、学者やインテリたちのように、アイデアを口にするだけではダメなのです。実行しなければなりません。そのためには実行プロセスをたどることが必要なのです。

民主主義の正道の「実行プロセス」とは

組織も何もないところから、一から政党を作り、議会で議席を獲っていくのは、本当に大変なことです。普通は一議席でも獲れれば万歳ものです。さらに既存の政党の力を借りずに自分たちの力だけで、しかも既存の政党相手に知事、市長のポジションを選挙で獲ることも普通ではありえないことです。

僕ら大阪維新の会は、僕が関与したものだけでも二〇〇〇回を優に超える街頭演説やタウンミーティングを繰り返し、各メンバーもそれぞれ地元で地道に政治活動、選挙運動を進めてきました。そして府議会・市議会で多数の議席を獲り、知事・市長のポジションを獲り、国会で議席を獲りということを積み重ねて、大阪都構想の実行プロセスを進めてきたのです。

僕にとっては、一弁護士だった僕が大阪についての自分の思いを実現するための、いわば住民運動の感覚です。すなわち住民の力で大阪を変えようという住民運動です。

しかし朝日新聞や毎日新聞をはじめとするメディアやインテリたちは、選挙を通じて議員議席や知事・市長権力を獲得していく住民運動に対しては、ものすごく毛嫌いをしますね。政党を作って、知事、市長のポジションにあるだけで、一般の住民とは異なる悪魔のような権力者だという扱いをしてきます。

その一方で、彼ら彼女らは、「住民の力で政治を動かそう」とよく主張していますが、彼ら彼女らが応援する住民運動は、多くの場合「デモ」ですね。

原発の問題でも沖縄の問題でも、とにかくデモをしている人たちのことを盛んに報道して、「こんなにデモをやっているのに、政策を見直さないのはおかしい！」「若者がデモを起こして素晴らしい！」「数人の住民が立ち上がって素晴らしい！」と拍手喝采を送ります。

僕もデモは否定しません。しかし民主主義の本流は選挙を通じて多数の議席を獲ったり、権力を獲ったりして、世の中を変えていくことだと思います。**たとえ数万人のデモでも、それで国の方針が決定されるとすれば、そのほうが非民主主義**ではないでしょうか。一億二〇〇〇万人という日本の人口のうちのわずか一万分の一くらいの人数のデモで、日本の方針が決まったら、民主主義とは言えなくなります。デモは、あくまでも選挙を通じた民主主義を補完するものであり、デモをそれだけ大事にするのであれば、それと同じくらい、選挙を通じて世の中を変えようとする運動も大事にしなければならないと思います。

メディアやインテリたちは、僕のことを「選挙至上主義」などと批判をしてきましたが、自分の理想に向かって世の中を変えるため、政治を動かすには選挙で議員議席や知事・市長を獲るしかありません。デモで政治を動かそうとするより、選挙や投票で政治を動かそうとするほうが、はるかに民主的だというのが僕の持論です。

大阪都構想は最終的に住民投票で否決されました。そこに至る過程において、「橋下は独裁だ！　強権だ！　横暴だ！」と散々批判を受けてきましたが、僕は民主主義の正道の実行プロセスを踏んできたと自負しています。

政治行政に文句を言ったり、理想の世の中を語ったりするのは誰でもできる。しかし、本当に大阪の変革を実行するには、自分が政治家としてやってきた方法以外にはない、と今でも確信しています。デモでは決して実行できなかった。**僕は大阪都構想の中身にもこだわりましたが、実行プロセスにもこだわってきた**のです。

大阪が変わり続けられるかどうかは、大阪の政治行政の「仕組み」次第

東京府と東京市が一つにまとまった東京都の成立は、一八九六年の帝国議会で案が出てから、一九四三年に実施されるまで、実に約四七年かかりました。それを僕らは大阪において数年という短期間でやろうとしたので確かに少々無理があったのかもしれません。

大阪府庁と大阪市役所を解体して一つの組織にまとめる仕事は、普通に考えれば、一〇年仕事、いや下手をすれば五〇年仕事です。

大阪都構想の最終ゴールは、大阪都になって大阪都知事が大阪全体についてリーダーシップを発揮し、大阪都庁がその実行部隊になることですが、それまでの間、大阪全体のことをリードする人がいないというのは困ります。そこで、暫定的に大阪全体のリーダーシップをとる「仕組み」として作ったのが、「大阪維新の会」です。「大阪維新の会」は大阪都構想を実現するための政治勢力であると同時に、大阪都になるまでの間、暫定的に大阪全体のリーダーシップを発揮するための仕組みでもありました。

というのも、府庁と市役所が喧嘩ばかりしていて、府知事と市長のどちらがリーダーかもはっきりしない状態を乗り越えるには、知事・市長、府庁・市役所を超えたもう一つ上のと

ころに、さらなる意思決定機関を置く必要があったからです。その仕組みが大阪維新の会です。

府民から選ばれた知事・市長を含む大阪維新の会という政治グループを大阪全体の政治行政の最高意思決定機関にできれば、府庁と市役所が揉めたときでも、大阪全体の統一的な決定を下すことができます。課長同士が揉めたときも、部局長同士が揉めたときも、副知事と副市長が揉めたときも、最後はすべて大阪維新の会に持ってきてもらいました。

まずは市長の僕と知事の松井さんとの間での折衝・調整です。僕ら以前の大阪府知事と大阪市長のときは、両名の会談ともなれば、まあ大変な儀式でした。大阪のトップ会談なのでたいそうになるのも当然ですが、役所はその会談の準備に数カ月かけたと言われています。役所間でまとまったことを、知事・市長にあげて、和やかに会談する。知事、市長において実務的な厳しい折衝はしません。役所でまとめることができるような話を、セレモニー的にします。ほとんどが役人が作ったペーパーを読み上げる作業です。そして役人の司会に従って滞りなく終了。首脳会談ってそういうものです。

しかし、大阪維新の会のメンバーとしての僕と松井さんの会談は違います。まずは電話で折衝・調整。ほぼ毎日、松井さんと話していました。二人で飯を食って酒を飲みながらの折衝・調整も多かったです。私的に酒を飲んで雑談をするついでに、大阪の重要課題についても折衝・調整するという感じでしょうか（笑）。いつも焼き鳥屋かおでん屋がトップ会談の場所です。松井さんは、肉は鶏しか食べません。生ものの魚もダメなんです。あの時期は、自分の妻と話すよりも松井さんと話している時間のほうが長かったように思います。

僕ら以前の知事・市長会談は一年に一回か二回という感じだったと思いますが、このように僕と松井さんがほぼ毎日、知事と市長としての折衝・調整をすることができたのは大阪維新の会という仕組みがあったからです。

さらに重要な案件などは、役所から離れたところにある大阪維新の会の本部で、知事・市長のみならず大阪維新の会の府議会議員・市議会議員のメンバーも集まって議論しながら、大阪全体の統一的な意思決定をやっていました。

決定権者をあらかじめ決めておく

ここで重要なポイントは決定権者をしっかりと定めることです。第4章の「チーム作りにおける『失敗の本質』」のところで述べましたが、メンバーが横並びのチームでは最終決定ができません。大阪維新の会は、代表が市長である僕。そして代表を支える幹事長が知事である松井さんという仕組みになっていました。役所の関係では知事と市長がまったくの対等の関係で、だからこそこれまで大阪は大阪全体の意思決定ができませんでした。しかし、大阪維新の会の仕組みの中では、代表と幹事長がしっかりと定められ、僕が維新の代表のときには、大阪市長が上司で大阪府知事が部下という関係でした。大阪以外でこんな仕組みを構築しているところはありません。**本来は横並びの知事と市長の関係を、上下の関係にしたのが大阪維新の会の最大の特徴**です。このことによって、大阪維新の会に持ち込まれた案件は、必ず知事・府庁と市長・市役所の統一的な意思決定ができたのです。

この大阪維新の会の仕組みをフル活用して、これまで府庁と市役所の間で長年揉めていた鉄道計画も高速道路計画も、すべてまとめ上げることができました。これからは、府全体の鉄道ネットワークが広がり、高速道路のミッシング・リンク（不結合部分）もようやくつながります。止まっていた「うめきた2期再開発」というビッグプロジェクトも動き出し、放置されていた大阪湾べイエリア部の活性化も、大阪万博開催やIR誘致を軸に動き始めました。大阪の経済戦略、観光戦略も府市で一本化され、確実に実行されるようになりました。大阪が府市で一つにまとまると、やはり大きな力を生み出し、今、大阪の様々な指標は軒並み上向き始めています。

僕が大阪でリーダーシップを発揮できたのは、僕のリーダーとしての個人的資質ではなく、大阪維新の会が、知事・市長のポジションを獲り、府議会・市議会でも多数議席を獲って、さらに市長と知事を上司部下の関係にし、大阪維新の会の代表が大阪全体についてリーダーシップを発揮できる「仕組み」を作ったからです。仕組みをきちんと作れば、リーダーシップは発揮できますし、逆に**仕組みをきちんと作らなければ、どれだけ資質のある人間でもリーダーシップは発揮できない**でしょう。

確かに、僕と松井さん、そしてその後の松井さんと吉村さんの間で、府市の間に長年横たわっていた課題はほぼ解決してきましたが、政治行政というものは日々課題が生まれるものです。さらに将来において、まだまだ府と市の共同で取り組まなければならないビッグプロジェクトが目白押しです。万博運営、ＩＲの実際の管理運営、大阪城の東に位置する森之宮の大規模再開発、リニア中央新幹線と北陸新幹線の大阪延伸を見越した新大阪の再開発などです。これらを現在の府庁と市役所でまとめ上げるのは相当困難でしょうし、これまでのように多大な時間がかかってしまいます。大阪維新の会が誕生してからまとめ上げたビッグプロジェクトは、過去三〇年、四〇年放置されていた案件ばかりですが、大阪にはそんな悠長にしている余裕はありません。少子高齢化に対応しながら世界の都市間競争に打ち勝つためには、スピーディーに大阪全体の意思決定をし続けなければなりません。

あくまでも大阪維新の会は、大阪全体の意思決定を行なう「暫定的な」仕組みです。選挙の結果次第では崩壊してしまう仕組みです。この脆弱な仕組みを未来永劫、恒久的な法制度という仕組みに強化するのが大阪都構想です。

万博誘致成功は、大阪都構想運動の政治エネルギーの賜物

二〇二五年に大阪万博が開催されることになりました。なぜ万博招致に成功したのか。それは、松井一郎大阪府知事（当時）と吉村洋文大阪市長（当時）が大阪維新の会の仕組みを使って、府庁と市役所を一つにまとめた組織運営をしているからです。松井さんと吉村さんが毎日膨大な量の折衝・調整をして、なんとかまとまっているのです。この府と市が一体となった政治行政が大きな力を生んでいます。それと同時に、大阪都構想という強烈な政治運動が生み出すエネルギーが、大阪全体に大きな影響を及ぼしていることも大きな要因だと思います。

大阪府が二〇二五年万博を誘致したいと言っても、大阪市が反対していたら、実現できませんでした。一九七〇年の大阪万博は、吹田市という場所で開催されました。吹田市は大阪市外なので大阪府の管轄です。

ゆえに一九七〇年の大阪万博は、都市計画にしても何にしても、大阪府が大阪市の意見に左右されることなく、単独で決めて進めることができました。大阪府が万博会場を整備するにあたり、大阪北部を千里ニュータウンとして大規模に開発したことはご存じの通りです。

しかし、二〇二五年に開催される大阪万博は、大阪市内の大阪湾岸部に放置された広大な埋め立て地で開催される予定です。本来は大阪市の管轄の土地で、もともと大阪市はこの埋め立て地をコンテナターミナルや物流拠点にする予定だったので、歴代の大阪市長であれば、ここまで固まっていた市役所の方針を覆すことはできなかったと思います。また大阪府庁としても莫大な仕事量が想定される大阪万博を本当にやるのか、お金はどうするのか、政府や経済界も動いてくれるのか、などなど躊躇《ちゅうちょ》することのほうが大きかったでしょう。今でこそ開催が決定となって大いに沸いている大阪ですが、松井さんが言い出したときには府庁だけでなく大阪全体がしらっとしていました。

こういうビッグプロジェクトをやろうとするときには、府庁・市役所の事務調整だけでなく、府庁・市役所が一つにまとまって巨大な政治行政のエネルギーを発することが必要になってきます。これは府庁組織、市役所組織のやる気、モチベーションと言えばいいんでしょうか。組織自体のエネルギーです。

大阪都構想は二〇一〇年に僕が提唱してから、大阪の政治行政において常にドタバタの騒動を起こしていました。大阪の政治の状況が時には全国的な話題にもなります。地方政治がここまで話題になることは珍しいと思います。

大阪の政治行政においては、大阪都構想について常に政治的に対立・激突が生じてメディアが報じ、大阪における地方選挙だけでなく、国政選挙においても大阪都構想の是非が話題になり、そして有権者が一票を投じて意思表示をする。その騒動がずっと続きながら、二〇一五年五月には住民投票まで行き、そこでは否決されましたがその後もずっと現在に至るまで大阪の政治行政は大阪都構想でドタバタしています。

その間、大阪維新の会側は、府市の対立解消のために府市一体が必要だとずっと主張し続けて政治運動を継続しています。対する相手側は、大阪都構想の必要性を消すために、府市の対立は避けたいという思いが強くなり、そのような政治的態度振る舞いになってきていま す。というのも府市が対立すればするほど、大阪都構想の必要性が高まってしまうからです。つまり大阪都構想の政治運動が盛り上がれば盛り上がるほど、それを打ち消す側は、府市の対立を解消しようとするのです。

まだ大阪都構想の政治運動が本格化する前に、僕は知事としてとあるレセプションに参加しました。そのときに大阪市立大学の学長と挨拶を交わしたのですが、そのときに学長から「知事、府立大学と市立大学の統合なんて絶対無理ですから」と言われたのを覚えています。府の立場で市立大学について勝手なことを言わないで欲しいと言わんばかりでした。

ところが今はどうでしょう。府立大学と市立大学の統合が議会の承認を得て、統合に向けての事務がどんどん進んでいます。府立大学学長と市立大学学長が統合のための協議会を設け、まさに実行プランを作成、実行しているのです。その他の府立研究施設と市立研究施設、そして府信用保証協会と市信用保証協会も統合を実現しました。府営住宅は市営住宅に移管しました。今、市立高校を府立高校に移管する協議が行なわれています。前述した府市共同による大規模再開発や鉄道・高速道路インフラ整備などもこれまで何十年も動かなかったものが動き始めました。このような事態は、僕が知事に就任したときには、誰もが想像もできなかったことです。

これらは、府市の政治行政は一体でやらなければならないという雰囲気が、府庁・市役所内だけにとどまらず、大阪の世間全体においてどんどん強くなってきたからです。今、府庁・市役所・府議会・市議会において、府市がそれぞれエゴを言ってはならない、何事も府市は一体でやらなければならない、そんな流れになっているのです。これこそが大阪都構想の政治運動の成果だと思います。そしてその政治運動のエネルギーが結実したものが、今般の二〇二五年大阪万博の誘致成功です。

もちろん、府市一体の流れが強くなったからといって、大阪都構想が不要になったわけではありません。これは先ほど述べた脆弱な仕組みである大阪維新の会が展開した政治運動に過ぎず、政治運動なるものは時々の状況によって熱くもなり冷めもするものです。ゆえに、今の府市一体の政治行政の流れを未来永劫、恒久的なものに制度化するのが大阪都構想です。

政治というものはインテリたちがよく好む単なるアイデア・知識の披歴や議論、おしゃべりではありません。**組織を動かし、地域や世の中を実際に動かしていく**ものです。そのためには**知識だけではなく、エネルギーが必要であり、それは政治運動によって生まれてきます**。大阪においてその主たるエンジンになっているものが大阪都構想運動だと自負しています。大阪都構想は二〇一五年の住民投票でいったん否決されましたが、この大阪都構想運動があり、今も継続しているからこそ、これまで対立していた府市が一体とならざるをえなくなり、そのことによって大阪が本来の力を発揮し始めたのだと思います。

ビジョンを実行するためには、実行プランと組織体制に加えて、組織の動的なエネルギーというものも必要です。そのエネルギーを組織に注入するのも、リーダー・トップの役割です。

道州制につながる関西広域連合の実行プランもできていた

僕は、知事・市長という政治家時代、大阪都構想を進めてきましたが、国と地方の行政の「仕組み」の改革も必要だと考えていました。今もそうです。繰り返し述べてきましたが、政策実現のためには政策を実行できる行政組織にすることが必要不可欠です。**ソフトとハード、方針・戦略と組織体制のワンセット**というやつですね。

国と地方の行政の仕組みの改革は、行政組織のメンバーである官僚がリーダーシップを発揮することは無理なことで、大阪都構想のように政治家が政治力をフルに駆使するほかありません。日本にごまんと存在する役所はそれぞれ権限と財源を持ち、それらを前提にしている人や団体が山ほどあるので、現状の役所の仕組みの維持を望む勢力が非常に強く、その改革には凄まじい抵抗が生じます。その抵抗を抑え、ときには打ち崩して、改革を進めるのが政治家の役割です。

現在の日本の行政・役所の仕組みは、中央の政府と地方の自治体の役割分担が適切ではありません。たとえば、待機児童対策は、本来なら中央政府が実務を担当するような問題ではありません。国は、地方自治体に待機児童の解消を義務化し、義務違反の場合のペナルティーを定める法律を制定すればいいだけの話です。待機児童の解消のための実務は地方自治体にやらせればいい。その代わりに、保育所行政の権限も財源もすべて地方に渡す。保育所の設置・運営に関するルールも地方ですべて決めさせる。国は自治体に待機児童解消の義務を負わせるだけ。地方に責任を負わせる代わりに実務を行なうための権限とお金のすべてを与えるのです。それが国家運営のマネジメントというものです。

ところが今は、中央政府が保育行政に関する決定的な権限や財源も持ち、実務的な細かなルールもすべて決めています。だから待機児童解消のすべての責任を国が負わなければならなくなっています。

森友学園の土地の問題も、安倍政権の対応は不誠実だったとは思いますが、しょせんは私立小学校の敷地をめぐる値引き問題にすぎません。役所の不正や不適切な行為は徹底的に正さなければなりませんが、森友問題が議論される場は、本来は国会ではなく、地方議会であるべきです。近畿財務局という国の出先機関が地方の土地を所管しているから、国の問題になってしまう。これらの土地を大阪府庁の所管にするか、近畿財務局を関西の府県や大都市で構成する関西広域連合の下に移していれば、森友問題は国会ではなく大阪府議会か関西広域連合議会で議論されていたでしょう。あのような問題で国会を停滞させるべきではありません。地方の議会でしっかりとチェックをすべきです。

実は、関西の自治体は、森友学園の問題が出てくる前から、近畿財務局を関西広域連合に移す議論をやっていました。近畿財務局のような関西圏を担当する行政機関を都道府県単位で譲り受けるのは難しいですから、関西の府県と大都市で作った関西広域連合に移す方針・ビジョンを打ち立てたのです。地方に存在する行政機関については国がマネジメントをするよりも地方がマネジメントしたほうがより目が行き届くだろう、さらには国の仕事の量を減らして国には国本来の仕事に集中してもらおうという地方分権の考え方です。

このビジョンの議論が始まった頃は、僕は府知事でしたが、当初の呼びかけには、大阪市、京都市、神戸市、堺市は入ってきませんでした。府県連合の中に入ると自分たちの存在感が弱まるからでしょう。一番反発したのは大阪市です。仕方がないので初めは、関西二府五県だけで関西広域連合を設立しました。

僕が大阪市長に転じて、大阪市も参加することを決め、京都市、神戸市、堺市、奈良県も追随し、二府六県四政令市の関西広域連合となりました。このような広域連合は日本全国の中でも関西にしか存在しません。

関西広域連合は、関西全体の政策を実行する行政機関ですが、それにとどまらず、国の地方の出先機関を譲り受けるビジョンを実行するための積極的な活動も行ないました。単に議論をすることだけで終わらせず、僕も民主党政権時の地域主権戦略会議のメンバーに参加し、国と激しく折衝しながら、関西広域連合において国の地方出先機関を譲り受ける具体的な実行プランを作っていきました。当初は近畿財務局（財務省）、近畿地方整備局（国土交通省）、近畿地方環境事務所（環境省）、近畿経済産業局（経済産業省）のすべてを関西広域連合の下に移す構想でしたが、国が猛反対。当時の政権与党であった民主党政権とガンガンやり合いましたが、結局、近畿財務局を除いた三つの機関をまずは関西広域連合に移すことが決まりました。

そこから数年をかけて、大阪都構想の実行プランと同じように、国の地方出先機関を関西広域連合に組み込む組織体制プランを作り上げました。政府と関西広域連合の優秀な職員がフル稼働して練り上げました。大阪都構想の場合と異なるのは、政府と関西広域連合との間で政治行政的に合意が取れたので、選挙戦でお互いに戦う必要がなかったことです。

あとはこの実行プランについて閣議決定をして法律を成立させればいいというところまでいったのですが、二〇一二年に政権交代が起こり、自民党政権でこの実行プランの法案は棚ざらしになってしまいました。膨大な作業を経て実行プランまでできているので、あとは法律でGOとなりさえすれば、いつでも国の地方出先機関を関西広域連合に移すことが現実に実行できるわけです。

「地方分権だ」「国の地方出先機関を地方に譲れ」と言う政治学者や評論家は多いですが、そのようなビジョンを口にするのは簡単です。しかし実行プランを作らなければ何も進みません。この実行プランの作成が一番大変なんです。反対する人たちと激しく折衝しなければなりませんし、場合によっては選挙による政治決戦を挑まなければなりません。

この関西広域連合は、国全体の中央省庁制、都道府県制、市町村制を抜本的に作り直す道州制に向けた動きの第一歩です。道州制は、国と地方の役所組織の役割分担を整理して、国がやらなくてもいい仕事や地方がやるべき仕事は地方に移し、国は国本来の仕事に集中してもらって日本という国をより強くするための大改革です。この道州制も、かれこれ四〇年以上、インテリたちの間では議論され続けてきました。大前研一さんも三〇年来訴え続けています。

しかし**提案や議論だけではダメなのです。実行しなければなりません**。大阪都構想も関西広域連合も、道州制を口だけではなく実行するためのプロセスの一つでした。

リーダーシップを発揮でき、実行できる組織にするために

現在の国際社会の中で、島国日本の政治指導者がトランプ大統領や習近平国家主席やプーチン大統領など大国の指導者と渡り合うためには、地方でできることは地方でやり、国は外交や安全保障などに集中できる環境を整えるべきです。

実は、国のトップがこれほど国会に拘束される国は、日本以外に世界でも類を見ません。

その理由は、国である中央政府があらゆる仕事を抱え込み、それらすべてが国会で議論されるからです。しかし、島国日本の首相だからこそ、年間一〇〇日以上は外国に行けるような環境にしなければなりません。

そのためには、中央政府が抱えている仕事のうち、内政問題はできる限り地方自治体に委譲する必要があります。中央政府は外交・安全保障などの仕事に集中し、国会の議論も絞り

込むべきです。

民間企業であれば、経営本部が行なう仕事と現場が従事する仕事がきっちりと役割分担された組織形態になっています。日本の役所の仕組み、すなわち統治機構も、中央政府と地方政府の役割分担を明確にできる仕組みにすべきであって、その最終形が道州制です。

現在の四七都道府県を、九から一三の道州にまとめ直し、内政問題は基本的には道州が担当する。今の都道府県だと力が弱くて、結局国・中央政府を頼ることになってしまうので、そこを抜本的に改革し、明治維新の廃藩置県に匹敵する廃県置州を断行すべきだと思います。

繰り返し述べてきましたが、**「リーダーシップは組織に規定される」**というのが僕の持論です。仮に習近平国家主席やプーチン大統領が日本の首相になっても、あれほどのリーダーシップは執れないでしょう。彼らがあのように振る舞えるのは中国やロシアの政治行政組織だからこそです。もちろん民主主義においては習近平やプーチンのようなリーダーは不適切・有害ですので、中国やロシアの政治行政組織を採用するわけにはいきませんが、大阪都構想や道州制は、国や地方のリーダーが、適切なリーダーシップを発揮できる組織体制にするものです。

大阪全体の政治行政をしっかりと実行できる行政組織にするためには大阪都構想の実現が、そして日本全体の政治行政をしっかりと実行できる行政組織にするためには道州制の実現が不可欠だと考えています。このような行政組織の抜本的改革を統治機構改革と言いますが、**僕の政治家時代の最大の目標は、この統治機構改革の実行**でした。本当は大阪都構想の実現から道州制の実現につなげていきたかったのですが、大阪都構想の住民投票で敗北し、僕は政治家を引退しました。

明治維新も幕藩体制から明治政府への統治機構改革です。明治政府が樹立されるまでには、幕末期から戊辰戦争、西南戦争に至るまで夥《おびただ》しい数の命が落とされました。それに比べれば僕の政治生命が断たれたくらい、どうってことありません。しかし、大阪都構想の政治運動を道州制につなげて、新しい日本の統治機構を築き上げてくれる次世代の政治リーダーが誕生してくれることを願ってやみません。

橋下 徹［はしもと・とおる］

大阪府立北野高等学校、早稲田大学政治経済学部卒業。1998年、橋下綜合法律事務所を開設。2008年に38歳で大阪府知事、2011年に42歳で大阪市長に就任。大阪府庁1万人、大阪市役所3万8000人の組織を動かし、絶対に実現不可能と言われた大阪都構想住民投票の実施や行政組織・財政改革などを実行。2015年、大阪市長を任期満了で退任。現在は弁護士、タレントとして活動。著書に『政権奪取論 強い野党の作り方』（朝日新書）、『沖縄問題、解決策はこれだ！ これで沖縄は再生する。』（朝日出版社）など。

PHP新書
PHP INTERFACE
https://www.php.co.jp/

実行力
結果を出す「仕組み」の作りかた
（PHP新書 1186）

二〇一九年五月二十九日 第一版第一刷

著者――橋下 徹
発行者――後藤淳一
発行所――株式会社PHP研究所
東京本部――〒135-8137 江東区豊洲5-6-52
第一制作部PHP新書課 ☎03-3520-9615（編集）
普及部 ☎03-3520-9630（販売）
京都本部――〒601-8411 京都市南区西九条北ノ内町11
組版――朝日メディアインターナショナル株式会社
装幀者――芦澤泰偉＋児崎雅淑
印刷所
製本所――図書印刷株式会社

ISBN978-4-569-84297-4

ＰＨＰ新書刊行にあたって

「繁栄を通じて平和と幸福を」(PEACE and HAPPINESS through PROSPERITY)の願いのもと、ＰＨＰ研究所が創設されて今年で五十周年を迎えます。その歩みは、日本人が先の戦争を乗り越え、並々ならぬ努力を続けて、今日の繁栄を築き上げてきた軌跡に重なります。

しかし、平和で豊かな生活を手にした現在、多くの日本人は、自分が何のために生きているのか、どのように生きていきたいのかを、見失いつつあるように思われます。そして、その間にも、日本国内や世界のみならず地球規模での大きな変化が日々生起し、解決すべき問題となって私たちのもとに押し寄せてきます。

このような時代に人生の確かな価値を見出し、生きる喜びに満ちあふれた社会を実現するために、いま何が求められているのでしょうか。それは、先達が培ってきた知恵を紡ぎ直すこと、その上で自分たち一人一人がおかれた現実と進むべき未来について丹念に考えていくこと以外にはありません。

その営みは、単なる知識に終わらない深い思索へ、そしてよく生きるための哲学への旅でもあります。弊所が創設五十周年を迎えましたのを機に、ＰＨＰ新書を創刊し、この新たな旅を読者と共に歩んでいきたいと思っています。多くの読者の共感と支援を心よりお願いいたします。

一九九六年十月

ＰＨＰ研究所

［**知的技術**］

1127 一生使える脳 長谷川嘉哉
1133 深く考える力 田坂広志
1171 国際線機長の危機対応力 横田友宏

［政治・外交］

318・319 憲法で読むアメリカ史（上・下） 阿川尚之
426 日本人としてこれだけは知っておきたいこと 中西輝政
745 官僚の責任 古賀茂明
746 ほんとうは強い日本 田母神俊雄
807 ほんとうは危ない日本 田母神俊雄
826 迫りくる日中冷戦の時代 中西輝政
841 日本の「情報と外交」 孫崎 享
874 憲法問題 伊藤 真
881 官房長官を見れば政権の実力がわかる 菊池正史
891 利権の復活 古賀茂明
893 語られざる中国の結末 宮家邦彦
898 なぜ中国から離れると日本はうまくいくのか 石 平
920 テレビが伝えない憲法の話 木村草太
931 中国の大問題 丹羽宇一郎
954 哀しき半島国家 韓国の結末 宮家邦彦
964 中国外交の大失敗 中西輝政
965 アメリカはイスラム国に勝てない 宮田 律
967 新・台湾の主張 李 登輝
972 安倍政権は本当に強いのか 御厨 貴
979 なぜ中国は覇権の妄想をやめられないのか 石 平
982 戦後リベラルの終焉 池田信夫
986 こんなに脆い中国共産党 日暮高則
988 従属国家論 佐伯啓思
989 東アジアの軍事情勢はこれからどうなるのか 能勢伸之
993 中国は腹の底で日本をどう思っているのか 富坂 聰
999 国を守る責任 折木良一
1000 アメリカの戦争責任 竹田恒泰
1005 ほんとうは共産党が嫌いな中国人 宇田川敬介
1008 護憲派メディアの何が気持ち悪いのか 潮 匡人
1014 優しいサヨクの復活 島田雅彦
1019 愛国ってなんだ 民族・郷土・戦争
古谷経衡［著］／奥田愛基［対談者］
1024 ヨーロッパから民主主義が消える 川口マーン惠美
1031 中東複合危機から第三次世界大戦へ 山内昌之
1042 だれが沖縄を殺すのか ロバート・D・エルドリッヂ
1043 なぜ韓国外交は日本に敗れたのか 武貞秀士
1045 世界に負けない日本 薮中三十二
1058 「強すぎる自民党」の病理 池田信夫
1060 イギリス解体、EU崩落、ロシア台頭 岡部 伸

1066 習近平はいったい何を考えているのか　丹羽宇一郎
1076 日本人として知っておきたい「世界激変」の行方　中西輝政
1082 日本の政治報道はなぜ「嘘八百」なのか　潮　匡人
1083 なぜローマ法王は世界を動かせるのか　徳安　茂
1089 イスラム唯一の希望の国　日本　宮田　律
1090 返還交渉　沖縄・北方領土の「光と影」　東郷和彦
1122 強硬外交を反省する中国　宮本雄二
1124 チベット　自由への闘い　櫻井よしこ
1135 リベラルの毒に侵された日米の憂鬱　ケント・ギルバート
1137 「官僚とマスコミ」は嘘ばかり　髙橋洋一
1153 日本転覆テロの怖すぎる手口　兵頭二十八
1157 二〇二五年、日中企業格差　近藤大介
1169 韓国壊乱　櫻井よしこ／洪　熒
1180 プーチン幻想　グレンコ・アンドリー

［地理・文化］

264 「国民の祝日」の由来がわかる小事典　所　功
465・466 ［決定版］京都の寺社505を歩く（上・下）　山折哲雄／槇野　修
592 日本の曖昧《あいまい》力　呉　善花
639 世界カワイイ革命　櫻井孝昌
650 奈良の寺社150を歩く　山折哲雄／槇野　修
670 発酵食品の魔法の力　小泉武夫／石毛直道［編著］
705 日本はなぜ世界でいちばん人気があるのか　竹田恒泰
757 江戸東京の寺社609を歩く　下町・東郊編　山折哲雄／槇野　修
758 江戸東京の寺社609を歩く　山の手・西郊編　山折哲雄／槇野　修
845 鎌倉の寺社122を歩く　山折哲雄／槇野　修
877 日本が好きすぎる中国人女子　櫻井孝昌
889 京都早起き案内　麻生圭子
890 反日・愛国の由来　呉　善花
934 世界遺産にされて富士山は泣いている　野口　健
936 山折哲雄の新・四国遍路　山折哲雄
948 新・世界三大料理　神山典士［著］／中村勝宏、山本豊、辻芳樹［監修］
971 中国人はつらいよ――その悲惨と悦楽　大木　康
1119 川と掘割“20の跡”を辿る江戸東京歴史散歩　岡本哲志
1182 京都の通りを歩いて愉しむ　柏井　壽